파고다 중국어

티엔티엔 중국어 기초 2 개정판

기초 2

PAGODA Books

파고다
중국어 기초 2

초판   1쇄 발행 2012년 6월 29일
개정판 1쇄 인쇄 2016년 6월 27일
개정판 1쇄 발행 2016년 6월 27일
개정판 17쇄 발행 2025년 7월 15일

지 은 이 | 김혜영
펴 낸 이 | 박서진
펴 낸 곳 | PAGODA Books 파고다북스
출판등록 | 2005년 5월 27일 제 300-2005-90호
주   소 | 06614 서울특별시 서초구 강남대로 419, 19층(서초동, 파고다타워)
전   화 | (02) 6940-4070
팩   스 | (02) 536-0660
홈페이지 | www.pagodabook.com

저작권자 | ⓒ 2016 파고다북스

이 책의 저작권은 출판사에 있습니다. 서면에 의한 저작권자와 출판사의 허락 없이
내용의 일부 혹은 전부를 인용 및 복제하거나 발췌하는 것을 금합니다.

Copyright ⓒ 2016 by PAGODA Books

All rights reserved. No part of this publication may be reproduced, stored
in a retrieval system, or transmitted, in any form or by any means, electronic,
mechanical, photocopying, recording or otherwise, without the prior written
permission of the copyright holder and the publisher.

ISBN 978-89-6281-714-0 (14720)

파고다북스   www.pagodabook.com
파고다 어학원   www.pagoda21.com
파고다 인강   www.pagodastar.com
테스트 클리닉   www.testclinic.com

| 낙장 및 파본은 구매처에서 교환해 드립니다.

머리말

중국어 기초 완성시리즈 두 번째 과정인 〈파고다 중국어 기초 2〉는 입문 단계인 〈파고다 중국어 기초 1〉의 다음 스텝으로, 말하기·듣기·쓰기 전 영역의 기본기를 다지고 초·중급 단계로 도약하기 위한 기초 핵심 과정입니다.

본서에서는 본격적인 중국어 문법이 등장하여 우리말과 다른 중국어의 독특한 문법 체계를 접할 수 있으나, 동시에 문법에 얽매어 중국어 말하기 표현에 제약을 받을 수 있는 한계를 극복하기 위한 다양한 장치를 구축하였습니다.

저자는 15년에 가까운 현장 강의를 통해 학습자들의 중국어 학습 난점을 누구보다 잘 파악하고 있고, 의사소통 능력이 강조되는 오늘날의 외국어 학습에 대한 확실한 대책과 방법이 필요하다고 판단하여 그 해답을 본서를 통해 구현하고자 노력하였습니다.

최근 사회전반에 불고 있는 중국어 학습 열풍 한 가운데에서 과연 학습자들이 가장 필요로 하는 것이 무엇인지를 고민하며 출간하게 된 〈파고다 중국어 기초 시리즈〉는 기초 학습자들의 눈높이에 맞춘 최적의 학습서로서, 그저 보고 읽는 학습서가 아니라 눈으로 보고 머리로 생각하며 입으로 표현할 수 있는 입체적인 학습서가 될 수 있길 희망합니다.

끝으로 초판에 이어 개정판이 출판되기까지 물심양면으로 도와주신 파고다 교육그룹의 박경실 회장님께 깊은 감사의 말씀 전하며, 아울러 어려운 집필 과정 중에 끊임없이 함께 연구하고 고민해주신 파고다 중국어 강사들과 중국어 컨텐츠 기획실에게도 감사의 말씀 함께 전합니다.

2016년 6월 대표저자 김혜영

이 책의 구성과 사용법

1 학습목표
회화 포인트와 어법 포인트로 구분하여 각 영역의 핵심이 되는 문장과 각 과에서 반드시 학습해야 할 내용이 무엇인지 파악하도록 합니다.

2 단어 〈生词 Shēngcí〉
본문을 학습하기에 앞서 본문에 나오는 새로운 단어를 익히고 단어와 관련된 다양한 문장을 먼저 숙지하므로 더욱 쉽고 재미있게 본문을 학습할 수 있도록 합니다.

3 본문 〈课文 Kèwén〉
중국어 기초 학습자에게 꼭 필요한 필수 기초회화로, 비교적 짧은 회화문으로 구성되어 있어 학습자들이 쉽게 내용을 이해하고 암기할 수 있습니다.

4 티엔티엔 기억하기 〈语法 Yǔfǎ〉
중국어의 어법체계를 이해하는 코너로, 핵심적인 어법들을 쉽고 체계적으로 설명하였고, 문장 속에서 자연스럽게 어법을 파악할 수 있습니다.

5 티엔티엔 문형 연습하기 〈练习 Liànxí〉
중국어의 특징을 고려하여 다양한 문형연습을 통해 중국어 어순을 파악하고 어법체계를 학습할 수 있도록 도와줍니다. 더 나아가 기초 필수어휘를 접목시켜 반드시 학습하여야 할 '문형과 어휘' 두 마리 토끼를 잡을 수 있습니다.

이 책의 학습순서: 새 단어 → 티엔티엔 기억하기 (어법) → 티엔티엔 문형 연습하기 (어휘&문형) → 본문

6 티엔티엔 생각 표현하기 〈说一说 Shuō yi shuō〉

각 과의 회화 테마를 소재로 한 그림을 보고 중국어로 묻고 대답하는 코너입니다. 본문 학습 후에 이루어지는 단계로, 본문에서 학습한 내용을 반복 및 활용하고 자신의 말로 이야기하는 훈련을 통해 회화 능력을 배양할 수 있습니다.

7 티엔티엔 듣고 표현하기 〈听一听 Tīng yi tīng〉

재미있는 그림을 보거나 본문과 연결되는 대화를 듣고 내용을 파악하는 코너로, 기초 청취능력을 제고하고, 나아가 전반적인 청취 능력을 향상시킵니다.

8 티엔티엔 글로 표현하기 〈写一写 Xiě yi xiě〉

각 과의 가장 핵심이 되는 문형과 주요 어휘를 직접 쓰는 연습을 통해 한자는 물론 발음, 뜻을 학습하고, 배열하기를 통하여 전반전인 중국어 수준을 향상시킬 수 있는 실용적인 코너입니다.

9 티엔티엔 생각 펼치기 〈聊一聊 Liáo yi liáo〉

각 과의 회화 포인트와 연관된 보충 어휘를 제시함으로써, 각 과에서 배운 회화문형을 좀 더 다양하게 펼칠 수 있고 나아가 말하기 능력 및 어휘수준을 향상시킬 수 있는 코너입니다.

참고 이 책의 품사 표기 방법!

| 동 동사 | 부 부사 | 명 명사 | 조 조사 | 양 양사 | 수 수사 | 성 성어 | 형 형용사 |
| 전 전치사 | 접 접속사 | 의 의성어 | 대 대명사 | 감 감탄사 | 조동 조동사 | 고유 고유명사 |

티엔티엔 생각 표현하기 (어휘&회화) → 티엔티엔 듣고 표현하기 (듣기) → 티엔티엔 글로 표현하기 (쓰기) → 티엔티엔 생각 펼치기

목차

Chapter 3

UNIT 01 我正在看书呢。 나는 책을 보는 중입니다. 11

　회화 포인트　중국어로 전화하기
　어법 포인트　진행형 문장 익히기 / 一边~, 一边~

UNIT 02 你吃饭了吗? 식사하셨어요? 21

　회화 포인트　중국어로 나의 하루 일과 말하기
　어법 포인트　완료를 나타내는 조사 '了' / 부사 '有点儿'

UNIT 03 她有男朋友了。 그녀는 남자친구가 생겼어요. 31

　회화 포인트　연애와 관련된 표현 배우기
　어법 포인트　어기조사 '了'(2) / 임박태

UNIT 04 便利店在哪儿? 편의점은 어디에 있나요? 41

　회화 포인트　방위사 학습하기
　어법 포인트　길 찾기 / '在, 有' 학습하기

UNIT 05 我打网球打得不错。 나는 테니스를 잘 칩니다. 51

　회화 포인트　스포츠 종목 학습하기
　어법 포인트　정도보어 표현 익히기

UNIT 06 你去过上海吗? 당신은 상하이에 가본 적이 있나요? 61

　회화 포인트　중국의 도시명 학습하기
　어법 포인트　경험의 동태조사 '过'와 동량보어 학습하기 / '是~的' 강조구문 학습하기

UNIT 07 门开着，窗户也开着。 문이 열려 있고, 창문도 열려 있습니다. 71

　회화 포인트　교실 풍경 소개하기
　어법 포인트　동작의 지속 '着' 학습하기 / 형용사 중첩 학습하기

Chapter 4

UNIT 08 我看了一个小时的电视。 나는 한 시간 동안 TV를 봤습니다. 83
  회화 포인트 여가활동 표현 익히기
  어법 포인트 시량보어

UNIT 09 你们都考完了吗? 시험은 다 끝났습니까? 93
  회화 포인트 학습 및 업무에 관련된 표현 배우기
  어법 포인트 결과보어 / 겸어문

UNIT 10 上海比北京还热闹。 상하이는 베이징보다 더 번화합니다. 103
  회화 포인트 날씨와 관련된 표현 배우기
  어법 포인트 비교문

UNIT 11 快点儿出去吧。 빨리 나갑시다. 113
  회화 포인트 중국어로 음식주문하기
  어법 포인트 방향보어 학습하기

UNIT 12 你听得懂汉语吗? 당신은 중국어를 알아들을 수 있나요? 123
  회화 포인트 병원관련 표현 익히기
  어법 포인트 가능보어 학습하기

UNIT 13 请把门关上吧。 문을 닫아주세요. 133
  회화 포인트 이별 및 공항 표현 익히기
  어법 포인트 '把'자문 학습하기 / '除了~以外' 학습하기

UNIT 14 祝你们工作顺利! 하시는 일이 순조롭길 바랍니다! 143
  회화 포인트 분실 및 이별관련 표현 익히기
  어법 포인트 피동문 학습하기

본문 해석 / 정답 및 녹음 대본 153
索引 찾아보기 163

등장인물 소개

중국인 남자

小东 Xiǎodōng
샤오둥
(20대 초반 남자)

王明 Wáng Míng
왕밍
(20대 초반 남자)

중국인 여자

王丽 Wáng Lì
왕리
(20대 후반 여성)

미국인 남자

彼得 Bǐdé
피터
(20대 후반 남자)

한국인 남자

民国 Mínguó
민국
(20대 후반 남자)

大韩 Dàhán
대한
(20대 후반 남자)

한국인 여자

美娜 Měinà
미나
(20대 초반 여성)

美珍 Měizhēn
미진
(20대 후반 여성)

Chapter 3

UNIT 1～7

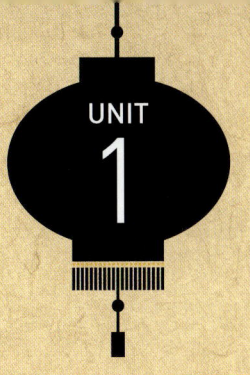

UNIT 1

我正在看书呢。
Wǒ zhèngzài kàn shū ne.

나는 책을 보는 중입니다.

01-01

회화 포인트

중국어로 전화하기

喂，请找一下彼得。
Wéi, qǐng zhǎo yíxià Bǐdé.
여보세요, 피터 좀 바꿔주세요.

어법 포인트

진행형 문장 익히기

我正等她(呢)。
Wǒ zhèng děng tā (ne).
나는 그녀를 기다리고 있습니다.

一边~, 一边~

奶奶一边喝茶，一边看电影。
Nǎinai yìbiān hē chá, yìbiān kàn diànyǐng.
할머니는 차를 마시며, 영화를 봅니다.

단어

 生词

给	[gěi]	전 ~에게 동 주다
打	[dǎ]	동 (전화를) 걸다, 때리다, 치다
电话	[diànhuà]	명 전화
喂	[wéi]	감탄 여보세요
找	[zhǎo]	동 찾다
一下	[yíxià]	양 (동사 뒤에 놓여) 한번(좀) ~하다
在	[zài]	부 마침 ~하고 있다, 막 ~하고 있는 중이다
干	[gàn]	동 (일을) 하다
正在	[zhèngzài]	부 지금(한창) ~하고 있다
一边~, 一边~	[yìbiān~, yìbiān~]	~하면서, ~한다
开学	[kāi xué]	동 개학하다
见	[jiàn]	동 만나다
门口	[ménkǒu]	명 입구, 현관, 문어귀
不见不散	[bú jiàn bú sàn]	성 만날 때까지 기다리다

본문

课文

01-03

본문 해석 154p

(民国给彼得打电话。)
(Mínguó gěi Bǐdé dǎ diànhuà.)

彼得 喂，你好。
Bǐdé　　Wéi, nǐ hǎo.

民国 喂，请找一下彼得。
Mínguó　Wéi, qǐng zhǎo yíxià Bǐdé.

彼得 我就是，您是哪位？
Bǐdé　　Wǒ jiùshì, nín shì nǎ wèi?

民国 我是民国。你在干什么呢？
Mínguó　Wǒ shì Mínguó. Nǐ zài gàn shénme ne?

彼得 我正在看电影呢。你呢？
Bǐdé　　Wǒ zhèngzài kàn diànyǐng ne. Nǐ ne?

民国 我一边喝茶，一边看书呢。
Mínguó　Wǒ yìbiān hē chá, yìbiān kàn shū ne.

　　　　明天开学，我们一起去学校吧。
　　　　Míngtiān kāi xué, wǒmen yìqǐ qù xuéxiào ba.

> '一下 yíxià'는 동사 뒤에 놓여 '한번(좀) ~하다'의 의미를 나타낸다.
>
> 예) 听一下。
> Tīng yíxià.
> 한번 들어 보다.

1. 나는 책을 보는 중입니다.

彼得	好啊。我们在哪儿见？
Bǐdé	Hǎo a.　Wǒmen zài nǎr jiàn?

民国	早上八点在学校门口见吧。
Mínguó	Zǎoshang bā diǎn zài xuéxiào ménkǒu jiàn ba.

彼得	好的。不见不散。
Bǐdé	Hǎo de.　Bú jiàn bú sàn.

티엔티엔 기억하기  语法

 진행형

부사 '正在 zhèngzài, 正 zhèng, 在 zài'가 술어 앞에 놓여 동작이나 행위의 진행을 나타낸다. 이때 문장 끝에 조사 '呢 ne'를 붙이거나 '呢 ne'가 단독으로 쓰여 진행을 나타내기도 한다.

```
주어 + 正在 / 正 / 在 + 술어 + (목적어) + (呢)
              술어 + (목적어) + 呢
```

他   正在   看   书   (呢)
Tā   zhèngzài kàn   shū   (ne)
그는 책을 보고 있는 중이다

你在干¹什么呢?
Nǐ zài gàn shénme ne?
당신은 무엇을 하고 있습니까?

我正等²她呢。
Wǒ zhèng děng tā (ne).
나는 그녀를 기다리고 있습니다.

他们睡觉³呢。
Tāmen shuì jiào ne.
그들은 자고 있습니다.

장소를 나타내는 전치사 '在'가 진행형과 함께 쓰일 경우

我正在学校看书。
Wǒ zhèngzài xuéxiào kàn shū.

我在学校看书呢。
Wǒ zài xuéxiào kàn shū ne.

나는 학교에서 책을 보고 있습니다.

 01-04

1 干 [gàn] 동 ~을 하다
2 等 [děng] 동 기다리다
3 睡觉 [shuì jiào] 동 (잠을) 자다

1. 나는 책을 보는 중입니다.

어법 2 ― 边 A, 一边 B

'(한편으로) A 하면서, (한편으로) B 하다'의 의미로 A, B 두 가지 동작이 동시에 진행 되는 것을 의미한다.

一边 yìbiān ＋ 동사 ＋ (목적어₁) ＋ 一边 yìbiān ＋ 동사 ＋ (목적어₂)

一边　吃　（饭），　一边　看　（电视）
yìbiān chī (fàn), yìbiān kàn (diànshì)
(밥을) 먹으면서, (TV를) 본다

奶奶一边喝茶，一边看电影。　　할머니는 차를 마시며, 영화를 봅니다.
Nǎinai yìbiān hē chá, yìbiān kàn diànyǐng.

她们一边唱歌⁴，一边跳舞⁵。　　그녀들은 노래를 부르면서, 춤을 춥니다.
Tāmen yìbiān chàng gē, yìbiān tiào wǔ.

01-04

4 唱歌 [chàng gē] 동 노래를 부르다　　5 跳舞 [tiào wǔ] 동 춤을 추다

티엔티엔 문형 연습하기

▶ 주어진 문형을 이용하여 다양하게 표현해 보세요.

1 我们正在学习汉语呢。
Wǒmen zhèngzài xuéxí Hànyǔ ne.

| 他们 Tāmen | 开会¹ kāi huì |
| 学校 Xuéxiào | 放假² fàng jià |

2 我在看书呢。
Wǒ zài kàn shū ne.

| 妈妈 Māma | 做饭³ zuò fàn |
| 妹妹 Mèimei | 上网⁴ shàng wǎng |

3 他一边喝茶，一边看书。
Tā yìbiān hē chá, yìbiān kàn shū.

| 她 Tā | 听音乐 tīng yīnyuè | 画画⁵ huà huà |
| 妻子⁶ Qīzi | 洗碗⁷ xǐ wǎn | 看电视 kàn diànshì |

1 开会 [kāi huì] 동 회의를 열다
2 放假 [fàng jià] 동 방학을 하다
3 做饭 [zuò fàn] 동 밥을 하다
4 上网 [shàng wǎng] 동 인터넷을 하다
5 画 [huà] 명 그림 동 그리다
6 妻子 [qīzi] 명 아내
7 洗碗 [xǐ wǎn] 설거지를 하다

1. 나는 책을 보는 중입니다.

▶ 다음 그림을 보고 대화를 완성하세요.

① A 美珍在做什么呢?
Měizhēn zài zuò shénme ne?

B _____。(上网)
_____. (shàng wǎng)

② A 大韩正在做什么呢?
Dàhán zhèngzài zuò shénme ne?

B _____。(报纸[1])
_____. (bàozhǐ)

③ 彼得 _____。(音乐,运动)
Bǐdé _____. (yīnyuè, yùndòng)

④ 民国 _____。(咖啡,电影)
Mínguó _____. (kāfēi, diànyǐng)

[1] 报纸 [bàozhǐ] 신문

티엔티엔 듣고 표현하기

听一听

01-07
정답 및 녹음 대본 158p

▶ 녹음을 듣고 제시된 문장의 옳고 그름을 표시하세요.

① 我一边喝茶，一边看电影。　　　（　　）
   Wǒ yìbiān hē chá, yìbiān kàn diànyǐng.

② 我们早上八点在学校门口见。　　（　　）
   Wǒmen zǎoshang bā diǎn zài xuéxiào ménkǒu jiàn.

③ 小东正在打电话呢。　　　　　　（　　）
   Xiǎodōng zhèngzài dǎ diànhuà ne.

티엔티엔 글로 표현하기

写一写

정답 158p

▶ 주어진 단어를 어순에 맞게 배열하세요.

① 一边　喝　电视　茶　一边　她　看
   yìbiān　hē　diànshì　chá　yìbiān　tā　kàn

   _____。
   _____.

   그녀는 차를 마시면서 TV를 봅니다.

② 在　你　什么　呢　干
   zài　nǐ　shénme　ne　gàn

   _____？
   _____？

   당신은 무엇을 하고 있습니까?

③ 学校门口　见　吧　在　早上八点
   xuéxiào ménkǒu　jiàn　ba　zài　zǎoshang bā diǎn

   _____。
   _____.

   아침 8시에 학교 입구에서 만나자.

1. 나는 책을 보는 중입니다.　19

聊一聊

01-08

전화걸기 (打电话 dǎ diànhuà)

您找谁?
Nín zhǎo shéi?
누구를 찾으십니까?

金老师在吗?
Jīn lǎoshī zài ma?
김 선생님 계십니까?

她不在。
Tā bú zài.
그녀는 부재중입니다.

你的电话号码¹是多少?
Nǐ de diànhuà hàomǎ shì duōshao?
당신의 전화 번호는 몇 번입니까?

我的电话号码是01²012345678。
Wǒ de diànhuà hàomǎ shì líng yāo líng - yāo èr sān sì - wǔ liù qī bā.
내 전화 번호는 010-1234-5678입니다.

打电话 dǎ diànhuà	接³电话 jiē diànhuà	挂⁴电话 guà diànhuà
전화를 걸다	전화를 받다	전화를 끊다

1 号码 [hàomǎ] 명 번호
2 방 번호, 전화 번호의 숫자 1은 일반적으로 yāo로 읽는다.
3 接 [jiē] 동 받다, 연결되다
4 挂 [guà] 동 (전화를) 끊다, (고리 등에) 걸다

20   파고다 중국어 기초 2

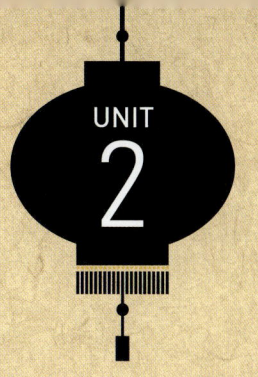

UNIT 2

你吃饭了吗?
Nǐ chī fàn le ma?

식사하셨어요?

02-01

회화 포인트

중국어로 나의 하루 일과 말하기

你昨天做什么了?
Nǐ zuótiān zuò shénme le?
당신은 어제 무엇을 하셨습니까?

어법 포인트

완료를 나타내는 조사 '了'

我吃了两个包子。
Wǒ chī le liǎng ge bāozi.
나는 만두 두 개를 먹었습니다.

부사 '有点儿'

这件衣服有点儿贵。
Zhè jiàn yīfu yǒu diǎnr guì.
이 옷은 좀 비싸요.

단어

生词

早饭	[zǎofàn]	명 아침밥
有点儿	[yǒu diǎnr]	부 조금, 약간
已经	[yǐjing]	부 이미, 벌써
还	[hái]	부 아직
汉堡包	[hànbǎobāo]	명 햄버거
先	[xiān]	부 먼저
然后	[ránhòu]	접 그런 후에, 그 다음에
嘿嘿	[hēihēi]	의 헤헤 (웃는 소리)
细心	[xìxīn]	형 세심하다, 꼼꼼하다
觉得	[juéde]	동 ~라고 느끼다
课文	[kèwén]	명 (교과서의) 본문
哎呀	[āiyā]	감 아이고 (깜짝 놀라거나 불만을 나타냄)
带	[dài]	동 가지다, 휴대하다

본문

民国　　彼得，你吃早饭了吗?
Mínguó　　Bǐdé, nǐ chī zǎofàn le ma?

彼得　　还没吃呢，我有点儿饿。
Bǐdé　　Hái méi chī ne, wǒ yǒu diǎnr è.

民国　　你看，我已经买了两个汉堡包。
Mínguó　　Nǐ kàn, wǒ yǐjing mǎi le liǎng ge hànbǎobāo.

我们先吃，然后去上课吧。
Wǒmen xiān chī, ránhòu qù shàng kè ba.

彼得　　嘿嘿，你真细心。
Bǐdé　　Hēihēi, nǐ zhēn xìxīn.

民国　　昨天你看书了吗?
Mínguó　　Zuótiān nǐ kàn shū le ma?

彼得　　看了，我觉得课文不太难。
Bǐdé　　Kàn le, wǒ juéde kèwén bú tài nán.

民国	是吗？那太好了。
Mínguó	Shì ma? Nà tài hǎo le.

彼得	哎呀，我没带笔，你有笔吗？
Bǐdé	Āiyā, wǒ méi dài bǐ, nǐ yǒu bǐ ma?

民国	有啊，我带了很多笔。
Mínguó	Yǒu a, wǒ dài le hěn duō bǐ.

티엔티엔 기억하기 语法

어법 1 **어기조사 '了'(1)**

어기조사 '了'는 문장 맨 뒤에 위치하여 어떤 일이나 상황이 이미 발생하였음을 나타낸다.

> 주어 + 술어(동사) + 목적어 + 了

긍정형

我吃包子了。 나는 만두를 먹었습니다.
Wǒ chī bāozi le.

他买东西¹了。 그는 물건을 샀습니다.
Tā mǎi dōngxi le.

부정형

我没吃包子。 [没(有) + 술어] 나는 만두를 먹지 않았습니다.
Wǒ méi chī bāozi.

부정문에서는 뒤에 '了'를 붙이지 않는다.

의문형

你吃饭了吗?
Nǐ chī fàn le ma?

你吃饭了没有? [정반의문문] 식사하셨습니까?
Nǐ chī fàn le méiyou?

1 **东西** [dōngxi] 명 물건, 음식, 것

2. 식사하셨어요? 25

어법 2 동태조사 '了'

동태조사 '了'는 동사 뒤에 위치하며 동작이 이미 완료되었음을 나타낸다.

> 주어 + 술어(동사) + 了 + 목적어

我吃了两个包子。
Wǒ chī le liǎng ge bāozi.
나는 만두 두 개를 먹었습니다.

她买了红色²的衣服。
Tā mǎi le hóngsè de yīfu.
그녀는 빨간색 옷을 샀습니다.

이때, 일반적으로 목적어는 '관형어' 또는 '수량구'와 함께 쓰인다.

어법 3 부사 '有点儿'

부사 '有点儿 yǒu diǎnr'은 술어 앞에 놓여 '조금, 약간'의 뜻을 나타내며, '여의치 않거나 다소 불만족스러움'을 표현한다.

> 주어 + 有点儿 + 술어

今天工作很忙，我有点儿累。
Jīntiān gōngzuò hěn máng, wǒ yǒu diǎnr lèi.
오늘 일이 너무 바빠서, 좀 피곤해요.

这件³衣服*有点儿贵。
Zhè jiàn yīfu yǒu diǎnr guì.
이 옷은 좀 비싸요.

* 일반적으로 这, 那같은 지시대명사 뒤에 명사가 올 경우에는 중간에 양사를 넣어 수식한다.

这本书   이 책
zhè běn shū

那个人   저 사람
nà ge rén

---

2 红色 [hóngsè] 명 빨간색   3 件 [jiàn] 양 (옷, 사건 등의) 벌, 건

티엔티엔 문형 연습하기

练习

▶ 주어진 문형을 이용하여 다양하게 표현해 보세요.

1
A 你昨天做什么了?
Nǐ zuótiān zuò shénme le?

B 我昨天运动了。
Wǒ zuótiān yùndòng le.

买东西
mǎi dōngxi

读书
dú shū

2
A 你吃早饭了吗?
Nǐ chī zǎofàn le ma?

B 我没吃早饭。
Wǒ méi chī zǎofàn.

看电视
kàn diànshì

听音乐
tīng yīnyuè

3
我买了两个面包。
Wǒ mǎi le liǎng ge miànbāo.

喝 一碗² 豆浆³
hē yì wǎn dòujiāng

读 很多书
dú hěn duō shū

4
我有点儿饿。
Wǒ yǒu diǎnr è.

疼⁴ téng
忙 máng
渴⁵ kě

---

1 读 [dú] 동 읽다
2 碗 [wǎn] 양 사발 (그릇을 세는 양사)
3 豆浆 [dòujiāng] 명 중국식 두유, 콩국
4 疼 [téng] 형 아프다
5 渴 [kě] 형 목마르다

티엔티엔 생각 표현하기

说一说

▶ 다음 일기를 참고하여 자신의 하루 일과를 말해 보세요.

我的日记[1]
Wǒ de rìjì

4月23日星期一， 天气[2]很暖和[3]。
Sì yuè èrshí sān rì xīngqīyī, tiānqì hěn nuǎnhuo.

我今天六点半起床了。
Wǒ jīntiān liù diǎn bàn qǐ chuáng le.

我早上[4]吃了两个包子，喝了一碗豆浆。
Wǒ zǎoshang chī le liǎng ge bāozi, hē le yì wǎn dòujiāng.

我下午先去图书馆，然后去见朋友了。
Wǒ xiàwǔ xiān qù túshūguǎn, ránhòu qù jiàn péngyou le.

我晚上七点半回家了。
Wǒ wǎnshang qī diǎn bàn huí jiā le.

1 你几点起床了?
Nǐ jǐ diǎn qǐ chuáng le?

_____ 。

2 早上你吃什么了?
Zǎoshang nǐ chī shénme le?

_____ 。(吃 / 喝)
　　　　　　　　　　　　(chī / hē)

3 下午你做什么了?
Xiàwǔ nǐ zuò shénme le?

_____ 。(先 / 然后)
　　　　　　　　　　　　(xiān / ránhòu)

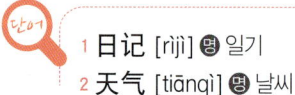

1 日记 [rìjì] 명 일기
2 天气 [tiānqì] 명 날씨
3 暖和 [nuǎnhuo] 형 따뜻하다
4 早上 [zǎoshang] 명 아침

티엔티엔 듣고 표현하기

听一听

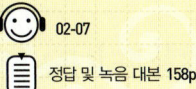

02-07
정답 및 녹음 대본 158p

▶ 녹음을 듣고 제시된 문장의 옳고 그름을 표시하세요.

1. 他还没吃饭。　　　　　(　　)
   Tā hái méi chī fàn.

2. 我有点儿累。　　　　　(　　)
   Wǒ yǒu diǎnr lèi.

3. 民国带了很多笔。　　　(　　)
   Mínguó dài le hěn duō bǐ.

티엔티엔 글로 표현하기

写一写

정답 158p

▶ 주어진 단어를 어순에 맞게 배열하세요.

1. 已经　了　汉堡包　我　两个　买
   yǐjing　le　hànbǎobāo　wǒ　liǎng ge　mǎi

   _____。 저는 이미 햄버거 두 개를 샀습니다.
   _____.

2. 吃饭　然后　吧　先　去上课　我们
   chī fàn　ránhòu　ba　xiān　qù shàng kè　wǒmen

   _____，_____。 우리는 먼저 밥을 먹고,
   _____，_____. 그런 다음 수업하러 갑시다.

3. 吃　没　呢　还　饿　有点儿　我
   chī　méi　ne　hái　è　yǒu diǎnr　wǒ

   _____，_____。 아직 안 먹었어요, 저는 조금 배고파요.
   _____，_____.

티엔티엔 생각펼치기  聊一聊

나의 일상생활 (我的日常生活 wǒ de rìcháng shēnghuó)

起床 일어나다
qǐ chuáng

刷牙 이를 닦다
shuā yá

洗脸 세수하다
xǐ liǎn

打扮 화장하다, 꾸미다, 단장하다
dǎban

穿衣服 옷을 입다
chuān yīfu

上课 / 上班 수업하다 / 출근하다
shàng kè / shàng bān

下课 / 下班 수업이 끝나다 / 퇴근하다
xià kè / xià bān

加班 야근하다
jiā bān

参加社团(俱乐部) 동아리(동호회)에 참가하다
cānjiā shètuán(jùlèbù)

逛街 윈도우쇼핑하다
guàng jiē

锻炼身体 몸을 단련하다
duànliàn shēntǐ

UNIT 3

她有男朋友了。
Tā yǒu nán péngyou le.

그녀는 남자친구가 생겼어요.

03-01

회화 포인트

연애와 관련된 표현 배우기
我有心上人了。
Wǒ yǒu xīnshàngrén le.
마음에 드는 사람이 생겼어요.

어법 포인트

어기조사 '了'(2)
她有男朋友了。
Tā yǒu nán péngyou le.
그녀는 남자친구가 생겼어요.

임박태
要下雨了。
Yào xià yǔ le.
곧 비가 오려고 해요.

단어

生词

 03-02

最近	[zuìjìn]	명 최근
更	[gèng]	부 더, 더욱
帅	[shuài]	형 멋지다, 잘생기다
事	[shì]	명 일, 사건
嗯	[èng]	감 응, 그래 (대답이나 의문·추궁 등을 나타내는 감탄사)
心上人	[xīnshàngrén]	명 마음에 둔 사람
当然	[dāngrán]	부 당연히 형 당연하다
又	[yòu]	부 또
班	[bān]	명 반
还是	[háishi]	접 아니면, 또는
可是	[kěshì]	접 그러나
结婚	[jié hūn]	동 결혼하다
遗憾	[yíhàn]	형 유감스럽다, 애석하다
别	[bié]	부 ~하지 마라
伤心	[shāng xīn]	동 상심하다, 슬퍼하다
介绍	[jièshào]	동 소개하다
良子	[Liángzǐ]	인명 요시꼬 (일본인 이름)

본문

| 王丽
Wáng Lì | 民国，最近你更帅了，有什么好事吗？
Mínguó, zuìjìn nǐ gèng shuài le, yǒu shénme hǎo shì ma? |

| 民国
Mínguó | 嗯…… 我有心上人了。
Èng…… Wǒ yǒu xīnshàngrén le. |

| 王丽
Wáng Lì | 谁啊？我认识吗？
Shéi a? Wǒ rènshi ma? |

| 民国
Mínguó | 当然。她也是我们班的同学。
Dāngrán. Tā yě shì wǒmen bān de tóngxué. |

她又漂亮又聪明。
Tā yòu piàoliang yòu cōngming.

> '又~又~'는 '~하기도 하고 ~하기도 하다'라는 뜻으로, 두 가지 상태를 동시에 표현할 때 쓰인다.
>
> 他又高又帅。
> Tā yòu gāo yòu shuài.
> 그는 키도 크고 잘 생겼다.

| 王丽
Wáng Lì | 是美珍还是美娜？
Shì Měizhēn háishi Měinà? |

| 民国
Mínguó | 都不是，是日本的良子。
Dōu bú shì, shì Rìběn de Liángzǐ. |

王丽	可是…听说她有男朋友，快要结婚了。
Wáng Lì	Kěshì…… tīngshuō tā yǒu nán péngyou, kuài yào jié hūn le.

民国	真的吗？真遗憾！
Mínguó	Zhēnde ma? Zhēn yíhàn!

王丽	你别伤心，以后我给你介绍一个更好的，
Wáng Lì	Nǐ bié shāng xīn, yǐhòu wǒ gěi nǐ jièshào yí ge gèng hǎo de,

好不好？
hǎo bu hǎo?

티엔티엔 기억하기 语法

어법 1 어기조사 '了'(2)

어기조사 '了'(2)는 문장 맨 끝에 놓여 상태의 변화, 새로운 상황의 출현 등을 나타낸다.

주어 + 술어 + (목적어) + 了

她有男朋友了。
Tā yǒu nán péngyou le.
그녀는 남자친구가 생겼어요.

她今年二十五岁了。
Tā jīnnián èrshí wǔ suì le.
그녀는 올해 스물 다섯 살이 되었어요.

我最近胖了。
Wǒ zuìjìn pàng le.
나는 최근에 뚱뚱해졌어요.

어법 2 임박태

임박태는 '要~了' 형식으로 '곧 ~하려고 한다'의 뜻을 나타낸다.

주어 + 要 + 술어 + (목적어) + 了

要下雨¹了。
Yào xià yǔ le.
곧 비가 오려고 해요.

- 임박한 상황을 강조하기 위해 '快要~了' 혹은 '快~了'로 표현할 수 있다.

我快要下车²了。
Wǒ kuàiyào xià chē le.
저는 곧 내려요.

他们快到³了。
Tāmen kuài dào le.
그들은 곧 도착해요.

 03-04

1 下雨 [xià yǔ] 동 비가 내리다
2 下车 [xià chē] 동 차에서 내리다
3 到 [dào] 동 도착하다

어법 3 · 선택의문문 '还是'

선택의문문은 두 가지 이상의 상황을 제시하여 그 중 한 가지를 선택하는 의문문으로 접속사 '还是 háishi'를 사용한다.

주어 + A 还是 háishi B ?   A입니까? 아니면 B입니까?

她是美珍还是美娜?
Tā shì Měizhēn háishi Měinà?

그녀는 미진입니까? 아니면 미나입니까?

你去北京还是(去)上海?
Nǐ qù Běijīng háishi (qù) Shànghǎi?

당신은 베이징에 갑니까? 아니면 상하이에 갑니까?

티엔티엔 문형 연습하기

练习

> 주어진 문형을 이용하여 다양하게 표현해 보세요.

1
A 他最近怎么样¹了?
　Tā zuìjìn zěnmeyàng le?

B 他最近更忙了。
　Tā zuìjìn gèng máng le.

胖 pàng
高 gāo

2 我有男朋友了。
Wǒ yǒu nán péngyou le.

女朋友
nǚ péngyou

钱
qián

3 我们快要到了。
Wǒmen kuàiyào dào le.

| 我妹妹 Wǒ mèimei | 结婚 jié hūn |
| 外边² Wàibian | 下雨 xià yǔ |

4 她是美珍还是美娜?
Tá shì Měizhēn háishi Měinà?

| 今天去 jīntiān qù | 明天去 míngtiān qù |
| 喝美式咖啡³ hē měishì kāfēi | 喝拿铁咖啡⁴ hē nátiě kāfēi |

단어

1 怎么样 [zěnmeyàng] 어떻다, 어떠하다
2 外边 [wàibian] 몡 밖, 바깥
3 美式咖啡 [měishì kāfēi] 몡 아메리카노
4 拿铁咖啡 [nátiě kāfēi] 몡 카페라떼

티엔티엔 생각 표현하기  说一说

▶ 제시된 내용을 참고하여 자신이 좋아하는 이상형을 이야기해 보세요.

他叫小东，今年二十五岁了。
Tā jiào Xiǎodōng, jīnnián èrshí wǔ suì le.

他又高又帅，他喜欢¹看书。
Tā yòu gāo yòu shuài, tā xǐhuan kàn shū.

她叫美娜，今年二十三岁了。
Tā jiào Měinà, jīnnián èrshí sān suì le.

她又漂亮又可爱²，她喜欢学汉语。
Tā yòu piàoliang yòu kě'ài, tā xǐhuan xué Hànyǔ.

1 你有心上人(了)吗?
Nǐ yǒu xīnshàngrén (le) ma?

_____ 。

2 他(她)今年多大了?
Tā (tā) jīnnián duō dà le?

_____ 。

3 你觉得他(她)怎么样?
Nǐ juéde tā(tā) zěnmeyàng?

_____ 。(又…又)
　　　　　　　　　　　　　　(yòu …… yòu)

4 他(她)喜欢做什么?
Tā(tā) xǐhuan zuò shénme?

_____ 。

---

1 喜欢 [xǐhuan] 동 좋아하다　　**2** 可爱 [kě'ài] 형 귀엽다

티엔티엔 듣고 표현하기

听一听

03-07
정답 및 녹음 대본 158p

▶ 녹음을 듣고 녹음 내용과 일치하는 것을 서로 연결하세요.

① 民国 Mínguó ・　　・ 男朋友 nán péngyou ・　　・ 结婚 jié hūn

② 王丽 Wáng Lì ・　　・ 日本朋友 Rìběn péngyou ・　　・ 聪明 cōngming

③ 彼得 Bǐdé ・　　・ 美国人 Měiguórén ・　　・ 帅 shuài

티엔티엔 글로 표현하기

写一写

정답 159p

▶ 주어진 단어를 어순에 맞게 배열하세요.

① 美珍　美娜　是　还是　她
　Měizhēn　Měinà　shì　háishi　tā

_____? 그녀는 미진입니까? 아니면 미나입니까?

② 帅　了　最近　你　更
　shuài　le　zuìjìn　nǐ　gèng

_____。 최근에 당신은 더 멋있어졌어요.

③ 她　结婚　了　快要
　tā　jié hūn　le　kuàiyào

_____。 그녀는 곧 결혼을 하려고 합니다.

3. 그녀는 남자친구가 생겼어요. 39

 聊一聊

연애 표현 (谈恋爱 tán liàn'ài)

一见钟情
yí jiàn zhōng qíng
첫눈에 반하다

相亲
xiāng qīn
선보다

接吻
jiē wěn
입맞추다

三角关系
sānjiǎo guānxi
삼각관계

失恋
shī liàn
실연하다

暗恋
àn liàn
짝사랑

初恋
chū liàn
첫사랑

亲爱的
qīn'àide
자기야

姐弟恋
jiě dì liàn
연상연하 커플

暧昧关系
àimèi guānxi
썸 타는 사이

UNIT 4

便利店在哪儿?
Biànlìdiàn zài nǎr?

편의점은 어디에 있나요?

회화 포인트

방위사 학습하기
便利店在星巴克旁边。
Biànlìdiàn zài Xīngbākè pángbiān.
편의점은 스타벅스 옆에 있습니다.

어법 포인트

길 찾기
星巴克怎么走?
Xīngbākè zěnme zǒu?
스타벅스는 어떻게 갑니까?

'在, 有' 학습하기
公园在学校北边。
Gōngyuán zài xuéxiào běibian.
공원은 학교 북쪽에 있어요.

단어

生词

超市	[chāoshì]	명 슈퍼마켓
路人	[lùrén]	명 행인
只	[zhǐ]	부 단지, 오직
便利店	[biànlìdiàn]	명 편의점
走	[zǒu]	동 걷다, 가다
从	[cóng]	전 ~부터
一直	[yìzhí]	부 줄곧
往	[wǎng]	전 ~쪽으로, ~를 향해
前	[qián]	명 앞
右	[yòu]	명 오른쪽
拐	[guǎi]	동 방향을 바꾸다, 꺾어 돌다
公园	[gōngyuán]	명 공원
常常	[chángcháng]	부 늘, 항상, 자주
星巴克	[Xīngbākè]	고유 스타벅스 (Starbucks)

美珍	请问，这儿附近有超市吗?
Měizhēn	Qǐng wèn, zhèr fùjìn yǒu chāoshì ma?

路人	这儿附近没有超市，只有便利店。
lùrén	Zhèr fùjìn méiyǒu chāoshì, zhǐ yǒu biànlìdiàn.

美珍	便利店在哪儿?
Měizhēn	Biànlìdiàn zài nǎr?

路人	就在星巴克旁边。
lùrén	Jiù zài Xīngbākè pángbiān.

美珍	怎么走?
Měizhēn	Zěnme zǒu?

路人	从这儿一直往前走，然后往右拐就是。
lùrén	Cóng zhèr yìzhí wǎng qián zǒu, ránhòu wǎng yòu guǎi jiùshì.

美珍	谢谢您!
Měizhēn	Xièxie nín!

北京大学很大，学校里边有书店、咖啡厅和公园。
Běijīng Dàxué hěn dà, xuéxiào lǐbian yǒu shūdiàn、kāfēitīng hé gōngyuán.

咖啡厅在书店西边，公园在书店北边。
Kāfēitīng zài shūdiàn xībian, gōngyuán zài shūdiàn běibian.

我常常去公园休息。
Wǒ chángcháng qù gōngyuán xiūxi.

 语法

티엔티엔 기억하기

 어법 1 **방위사 학습하기**

방위를 나타내는 명사를 방위사라고 한다.

> 学校东边有很多书店。
> Xuéxiào dōngbian yǒu hěn duō shūdiàn.
> 前边的书店很大。
> Qiánbian de shūdiàn hěn dà.
>
> 학교 동쪽에는 많은 서점이 있어요.
>
> 앞쪽의 서점은 매우 커요.

北边 běibian 북쪽
南边 nánbian 남쪽
西边 xībian 서쪽
东边 dōngbian 동쪽

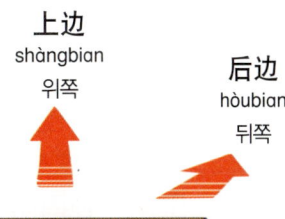

上边 shàngbian 위쪽
后边 hòubian 뒤쪽

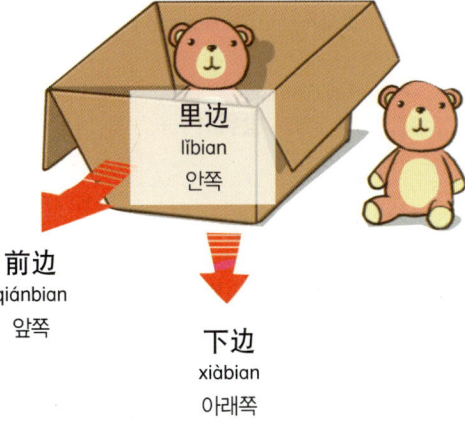

里边 lǐbian 안쪽
外边 wàibian 바깥쪽
前边 qiánbian 앞쪽
下边 xiàbian 아래쪽

左边 zuǒbian 왼쪽
中间 zhōngjiān 중간
右边 yòubian 오른쪽

'边[biān/bian]'은 방위를 나타내는 접미사이다. '边' 대신 '面[miàn/mian]'으로도 쓰이며, 회화에서는 뒤에 '儿-r'을 붙이기도 한다.

예) 前面[qiánmian] 앞쪽   外边儿[wàibianr] 바깥쪽

4. 편의점은 어디에 있나요?   45

对面 duìmiàn 맞은편
旁边 pángbiān 옆쪽
附近 fùjìn 근처, 부근

어법 2 존재를 나타내는 동사 '在, 有'

| A + 在 + B + 방위사 | A는 B(쪽)에 있다 |

公园在学校北边。
Gōngyuán zài xuéxiào běibian.
공원은 학교 북쪽에 있어요.

中国在韩国西边。
Zhōngguó zài Hánguó xībian.
중국은 한국 서쪽에 있어요.

| A + 방위사 + 有 + B | A(쪽)에 B가(이) 있다 |

桌子¹旁边有书架²。
Zhuōzi pángbiān yǒu shūjià.
책상 옆에는 책장이 있어요.

公司前面³有一家⁴咖啡厅。
Gōngsī qiánmian yǒu yì jiā kāfēitīng.
회사 앞에는 카페가 있어요.

 04-04

1 桌子 [zhuōzi] 명 탁자, 테이블
2 书架 [shūjià] 명 책장
3 前面(=前边) [qiánmian(=qiánbian)] 명 앞쪽
4 家 [jiā] 양 상점, 점포 등을 세는 양사

티엔티엔 문형 연습하기

练习

▶ 주어진 문형을 이용하여 다양하게 표현해 보세요.

1 从这儿一直往前走。
Cóng zhèr yìzhí wǎng qián zǒu.

| 门口 ménkǒu | 北 běi |
| 银行 yínháng | 南 nán |

2 往右拐就是。
Wǎng yòu guǎi jiùshì.

左 zuǒ
东 dōng

3 便利店在书店旁边。
Biànlìdiàn zài shūdiàn pángbiān.

| 银行¹ Yínháng | 公园右边 gōngyuán yòubian |
| 小狗² Xiǎogǒu | 沙发³ 下边 shāfā xiàbian |

4 这儿附近有超市。
Zhèr fùjìn yǒu chāoshì.

| 公司对面 Gōngsī duìmiàn | 很多咖啡厅 hěn duō kāfēitīng |
| 商店后边 Shāngdiàn hòubian | 地铁站⁴ dìtiězhàn |

---

1 银行 [yínháng] 명 은행
2 小狗 [xiǎogǒu] 명 강아지
3 沙发 [shāfā] 명 소파
4 地铁站 [dìtiězhàn] 명 지하철역

티엔티엔 생각 표현하기 说一说

1 '在 / 有'를 사용하여 그림을 설명하세요.

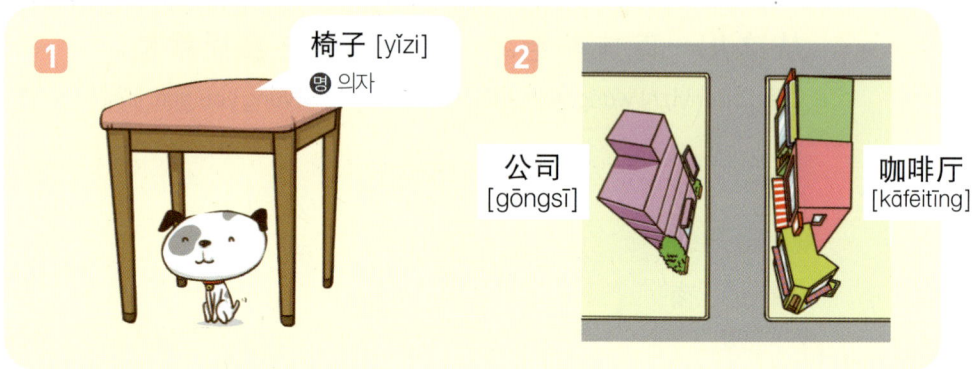

椅子 [yǐzi] 명 의자
公司 [gōngsī]
咖啡厅 [kāfēitīng]

① A 小狗在哪儿?
    Xiǎogǒu zài nǎr?

  B _____.

② A 公司对面有什么?
    Gōngsī duìmiàn yǒu shénme?

  B _____.

2 다음 그림의 ①, ②, ③ 중 자신의 집을 임의로 정한 후 상대방에게 그 위치를 설명하세요.

书店 商店 公园 餐厅

你家在哪儿?
Nǐ jiā zài nǎr?

你家怎么走?
Nǐ jiā zěnme zǒu?

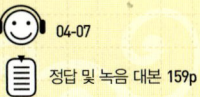

티엔티엔 듣고 표현하기 — 听一听

▶ 녹음을 듣고 내용이 일치하는 그림을 고르세요.

① [   ]
A
B

② [   ]
A
B

③ [   ]
A
B

티엔티엔 글로 표현하기 — 写一写

▶ 주어진 단어를 어순에 맞게 배열하세요.

① 往前   走   从这儿   一直
　 wǎng qián　zǒu　cóng zhèr　yìzhí

_____。 여기서부터 곧장 앞으로 가세요.

② 超市　附近　只有　这儿　没有　便利店
　 chāoshì　fùjìn　zhǐ yǒu　zhèr　méiyǒu　biànlìdiàn

_____，_____。 여기 근처에는 슈퍼마켓이 없고, 편의점 밖에 없습니다.

③ 书店　咖啡厅　西边　在
　 shūdiàn　kāfēitīng　xībian　zài

_____。 커피숍은 서점 서쪽에 있습니다.

4. 편의점은 어디에 있나요?　49

聊一聊

교통수단 (**交通工具** jiāotōng gōngjù)

火车 기차
huǒchē

飞机 비행기
fēijī

人行横道 횡단보도
rénxínghéngdào

红绿灯 신호등
hónglǜdēng

自行车 자전거
zìxíngchē

车站 정류장
chēzhàn

出租汽车 택시
chūzūqìchē

公共汽车* 버스
gōnggòngqìchē

地铁 지하철
dìtiě

摩托车 오토바이
mótuōchē

电动车 전동차
diàndòngchē

三轮车 삼륜 자전거
sānlúnchē

* '버스'를 표현하는 단어는 公共汽车 이외에 公交车(gōngjiāochē), 巴士(bāshì) 등이 있다.

坐 zuò 동 앉다, 타다 (자전거, 오토바이 등을 제외한 교통수단에 쓰인다.)
骑 qí 동 (동물이나 자전거 등에) 타다

UNIT 5

我打网球打得不错。
Wǒ dǎ wǎngqiú dǎ de búcuò.

나는 테니스를 잘 칩니다.

05-01

회화 포인트

스포츠 종목 학습하기
网球、篮球、滑雪我都喜欢。
Wǎngqiú、lánqiú、huá xuě wǒ dōu xǐhuan.
테니스, 농구, 스키, 나는 모두 좋아해요.

어법 포인트

정도보어 표현 익히기
他跑得很慢。
Tā pǎo de hěn màn.
그는 매우 느리게 뜁니다.

단어

生词

爱好	[àihào]	명 취미
喜欢	[xǐhuan]	동 좋아하다
踢	[tī]	동 (발로) 차다
足球	[zúqiú]	명 축구
会	[huì]	조동 (배워서) ~할 줄 안다, ~할 것이다
得	[de]	조 동사·형용사 뒤에 쓰여 보어를 연결시키는 조사
网球	[wǎngqiú]	명 테니스
篮球	[lánqiú]	명 농구
滑雪	[huá xuě]	동 스키 타다
打	[dǎ]	동 (손이나 기구를 이용하여) 치다, 때리다, 두드리다
可以	[kěyǐ]	조동 ~해도 된다 (허가, 가능) 형 괜찮다
不错	[búcuò]	형 좋다, 잘하다, 맞다
下次	[xià cì]	명 다음 번
比	[bǐ]	전 ~보다 동 비교하다

본문

彼得	民国，你有什么爱好？
Bǐdé	Mínguó, nǐ yǒu shénme àihào?

民国	我喜欢踢足球。你也会吗？
Mínguó	Wǒ xǐhuan tī zúqiú. Nǐ yě huì ma?

彼得	会是会，可是踢得不太好。
Bǐdé	Huì shì huì, kěshì tī de bú tài hǎo.

你还喜欢什么运动？
Nǐ hái xǐhuan shénme yùndòng?

> **A 是 A, 可是 B**
> 'A는 A이긴하나, 그러나 B이다'라는 의미로 먼저 어떤 사실을 인정하고 어기를 전환할 때 쓰인다.
>
> 예) 漂亮是漂亮，可是太贵了。
> Piàoliang shì piàoliang, kěshì tài guì le.
> 예쁘긴 예쁜데, (그러나) 너무 비싸요.

民国	网球、篮球、滑雪我都喜欢。
Mínguó	Wǎngqiú, lánqiú, huá xuě wǒ dōu xǐhuan.

彼得	你打网球打得怎么样？
Bǐdé	Nǐ dǎ wǎngqiú dǎ de zěnmeyàng?

5. 나는 테니스를 잘 칩니다.

民国	我打得还可以。你呢？
Mínguó	Wǒ dǎ de hái kěyǐ. Nǐ ne?

彼得	我也打得不错。
Bǐdé	Wǒ yě dǎ de búcuò.

民国	下次咱们比一比吧。
Mínguó	Xià cì zánmen bǐ yi bǐ ba.

> '还可以'는 '그런대로 괜찮다'라는 뜻으로, 상황이 비교적 만족스럽다는 의미를 표현할 때 자주 쓰인다. 이 때, 부사 '还'는 '또, 아직'이라는 뜻 외에도 '그런대로, 그만하면'이라는 의미를 나타내며, '可以'는 '还'와 결합하여 괜찮다라는 뜻을 나타낸다.

티엔티엔 기억하기 　语法

어법 1 정도보어

동사·형용사술어 뒤에 놓여 동작의 정도나 상태를 설명하는 것을 '정도보어'라고 하며, 술어와 정도 보어 사이에 조사 '得 de'를 넣어 연결한다.

보어는 동사·형용사술어 뒤에 놓여 어떤 동작이 진행되는 상황, 결과, 정도, 상태, 가능 등을 보충 설명하는 문장 성분이다.

술어 + 得 + 정도보어

吃　　　得　　　很多
chī　　 de　　 hěn duō
먹는 게　　많다 (많이 먹는다)

他跑¹得很慢²。　　　　그는 뛰는 게 느립니다(느리게 뜁니다).
Tā pǎo de hěn màn.

他跑得不慢。　　　　　그는 뛰는 것이 느리지 않습니다.
Tā pǎo de bú màn.

목적어의 위치

주어 + (술어) + 목적어 + 술어 + 得 + 정도보어

　　　(吃)　　　饭　　　吃　　　得　　　很多
　　　(chī)　　 fàn　　 chī　　 de　　 hěn duō
　　　　　　　밥을　　 많이　　　　　먹는다

他(唱)歌唱得很好。　　　그는 노래를 잘 부릅니다.
Tā (chàng) gē chàng de hěn hǎo.

05-04

1 跑 [pǎo] 동 뛰다, 달리다　　　2 慢 [màn] 형 느리다

의문형

你唱得好吗?
Nǐ chàng de hǎo ma?

당신은 노래를 잘 부릅니까?

你唱得好不好?
Nǐ chàng de hǎo bu hǎo?

你唱得怎么样?
Nǐ chàng de zěnmeyàng?

당신은 노래를 잘 부릅니까?
(당신은 노래 부르는 것이 어때요?)

어법 2 조동사 '会'

조동사 '会'는 '~할 줄 안다'라는 뜻으로, '주로 학습이나 훈련을 통해 할 수 있음'을 나타낸다.

주어 + 会 + 동사 + 목적어

我们会写汉字。
Wǒmen huì xiě Hànzì.

우리는 한자를 쓸 줄 압니다.

他不会踢足球。
Tā bú huì tī zúqiú.

그는 축구를 할 줄 모릅니다.

你会不会开车³?
Nǐ huì bu huì kāi chē?

당신은 운전을 할 줄 아십니까?

- 이 외에도 '가능'을 나타내는 조동사는 다음과 같다.

今天晚上他能来。[능력, 가능]
Jīntiān wǎnshang tā néng lái.

오늘 저녁에 그는 올 수 있습니다.

这儿可以抽烟⁴吗? [가능, 허가]
Zhèr kěyǐ chōu yān ma?

여기서 담배 피울 수 있나요?

3 开车 [kāi chē] 동 (차를) 운전하다
4 抽烟 [chōu yān] 동 담배 피우다

티엔티엔 문형 연습하기

 练习

 05-05

▶ 주어진 문형을 이용하여 다양하게 표현해 보세요.

① 他吃饭吃得很多。
Tā chī fàn chī de hěn duō.

写¹字²写	不错
xiě zì xiě	búcuò
说汉语说	很流利³
shuō Hànyǔ shuō	hěn liúlì

② 他饭吃得不多。
Tā fàn chī de bù duō.

字写	不好
zì xiě	bù hǎo
汉语说	不太流利
Hànyǔ shuō	bú tài liúlì

③ 他唱得怎么样?
Tā chàng de zěnmeyàng?

踢	好不好
tī	hǎo bu hǎo
跑	快吗
pǎo	kuài ma

④ 我会说汉语。
Wǒ huì shuō Hànyǔ.

他	打网球
Tā	dǎ wǎngqiú
我弟弟	开车
Wǒ dìdi	kāi chē

 단어

1 写 [xiě] 동 쓰다   2 字 [zì] 명 글자   3 流利 [liúlì] 형 유창하다

티엔티엔 생각 표현하기

▶ 그림을 보고 상대방과 이야기해 보세요.

踢足球
tī zúqiú

A 你会 _____ 吗?
　 Nǐ huì _____ ma?

B 我 _____ 。
　 Wǒ _____ .

A 你 _____ 得怎么样?
　 Nǐ _____ de zěnmeyàng?

B 我 _____ 。
　 Wǒ _____ .

做菜
zuò cài

A 你会 _____ 吗?
　 Nǐ huì _____ ma?

B 我 _____ 。
　 Wǒ _____ .

滑雪
huá xuě

A 你 _____ 得怎么样?
　 Nǐ _____ de zěnmeyàng?

B 我 _____ 。
　 Wǒ _____ .

티엔티엔 듣고 표현하기

听一听

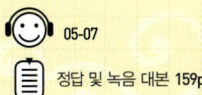
정답 및 녹음 대본 159p

▶ 녹음을 듣고 제시된 문장의 옳고 그름을 표시하세요.

1. 我喜欢踢足球。　　　　（　　）
   Wǒ xǐhuan tī zúqiú.

2. 我会打网球。　　　　　（　　）
   Wǒ huì dǎ wǎngqiú.

3. 我滑雪滑得不错。　　　（　　）
   Wǒ huá xuě huá de búcuò.

티엔티엔 글로 표현하기

写一写

정답 159p

▶ 주어진 단어를 어순에 맞게 배열하세요.

1. 网球　　打得　　你　　打　　怎么样
   wǎngqiú　dǎ de　nǐ　dǎ　zěnmeyàng

   _____? 당신은 테니스를 잘 치나요?
   _____?

2. 可是　会　是　不太好　会　踢得
   kěshì　huì　shì　bútài hǎo　huì　tī de

   _____, _____。 할 수 있기는 한데, 잘 차지는 못해요.
   _____, _____.

3. 一　比　吧　咱们　下次　比
   yi　bǐ　ba　zánmen　xià cì　bǐ

   _____。 다음에 우리 한번 시합해요.
   _____.

티엔티엔 생각펼치기

聊一聊

05-08

스포츠 (运动 yùndòng)

打羽毛球
dǎ yǔmáoqiú
배드민턴 치다

打乒乓球
dǎ pīngpāngqiú
탁구 치다

踢足球
tī zúqiú
축구 하다

打高尔夫球
dǎ gāo'ěrfūqiú
골프 치다

滑冰
huá bīng
스케이트 타다

游泳
yóu yǒng
수영하다

打棒球
dǎ bàngqiú
야구하다

打排球
dǎ páiqiú
배구하다

UNIT 6

你去过上海吗?
Nǐ qù guo Shànghǎi ma?

당신은 상하이에 가본 적이 있나요?

06-01

회화 포인트

중국의 도시명 학습하기

你去过上海吗?
Nǐ qù guo Shànghǎi ma?
당신은 상하이에 가본 적이 있나요?

어법 포인트

경험의 동태조사 '过'와 동량보어 학습하기

我去过一次。
Wǒ qù guo yí cì.
나는 한 번 가본 적이 있습니다.

'是~的' 강조구문 학습하기

我是去年去的。
Wǒ shì qùnián qù de.
저는 작년에 갔었습니다.

단어

生词

次	[cì]	양 번, 회
要	[yào]	조동 ~하려고 한다, ~해야만 한다
过	[guo]	조 ~한 적이 있다
什么时候	[shénme shíhou]	언제, 어느 때
去年	[qùnián]	명 작년
有意思	[yǒu yìsi]	형 재미있다
一定	[yídìng]	부 반드시
啦	[la]	조 '了(le)'와 '啊(a)'의 합음사로 양자의 의미를 겸유함
游船	[yóuchuán]	명 유람선
国庆节	[Guóqìngjié]	고유 국경절, 1949년 10월 1일 (중화인민공화국 건국기념일)
上海	[Shànghǎi]	고유 상하이
外滩	[Wàitān]	고유 와이탄

课文

王丽 Wáng Lì	这次国庆节你要去哪儿? Zhè cì Guóqìngjié nǐ yào qù nǎr?
民国 Mínguó	我要去上海。你去过上海吗? Wǒ yào qù Shànghǎi. Nǐ qù guo Shànghǎi ma?
王丽 Wáng Lì	我去过一次。 Wǒ qù guo yí cì.
民国 Mínguó	你是什么时候去的? Nǐ shì shénme shíhou qù de?

> '要 yào'는 동사 '필요하다, 원하다'의 뜻 외에 '~할 것이다, ~하려고 한다, ~해야만 한다'의 뜻을 가진 조동사로도 쓰인다.
>
> 예 他明天要去北京。
> Tā míngtiān yào qù Běijīng.
> 그는 내일 베이징에 가려고 한다.

王丽 Wáng Lì	我是去年去的。太有意思了。 Wǒ shì qùnián qù de. Tài yǒu yìsi le.
民国 Mínguó	那你一定去过外滩吧? Nà nǐ yídìng qù guo Wàitān ba?
王丽 Wáng Lì	当然啦。我在外滩还坐过游船呢。 Dāngrán la. Wǒ zài wàitān hái zuò guo yóuchuán ne.

티엔티엔 기억하기

语法

어법 1 동태조사 '过'

'~한 적이 있다'라는 뜻의 동태조사 '过 guo'는 동사 뒤에 놓여 과거의 경험을 나타낸다.

주어 + 동사 + 过 + 목적어

去　　过　　中国　　중국에 가본 적이 있다
qù　 guo　 Zhōngguó

他已经吃过北京烤鸭¹。　　그는 이미 베이징 오리구이를 먹어본 적이 있다.
Tā yǐjing chī guo Běijīng Kǎoyā.

我没(有)去过上海。　　나는 상하이에 가본 적이 없다.
Wǒ méi(yǒu) qù guo Shànghǎi.

어법 2 동량보어

동량보어란 동사 뒤에 놓여 '동작의 횟수'를 나타내는 보어를 말한다.

동사 (了/过) + 수사 + 동량사 + 일반목적어
　　　　　　　　　　동량보어

坐²过　　　一　　次　　中国的火车³
zuò guo　 yí　 cì　 Zhōngguó de huǒchē
중국기차를 한 번 탄 적이 있다

我去过一次。　　　　나는 한 번 가본 적이 있다.
Wǒ qù guo yí cì.

我吃过两次香菜⁴。　　나는 고수를 두 번 먹어본 적이 있다.
Wǒ chī guo liǎng cì xiāngcài.

• 자주 사용되는 동량사로는 '次 cì', '遍 biàn' 등이 있다.

1 北京烤鸭 [Běijīng Kǎoyā] 고유 베이징 덕
　(peking duck), 베이징 오리구이
2 坐 [zuò] 동 앉다, 타다
3 火车 [huǒchē] 명 기차
4 香菜 [xiāngcài] 명 고수 (풀)

'是……的' 강조구문

이미 발생한 동작의 시간, 장소, 방식, 대상 등을 강조할 때 쓴다.
이때, 이미 발생한 상황이라도 了le나 过guo는 쓰지 않는다.

주어 + 是 + 시간, 장소, 방식, 대상 +(목적어) 的
　　　　　　　　　　강조내용

我是去年去中国的。(시간)
Wǒ shì qùnián qù Zhōngguó de.

这是在青岛¹买的。(장소)
Zhè shì zài Qīngdǎo mǎi de.

我是坐车来的。(방식)
Wǒ shì zuò chē lái de.

저는 작년에 중국에 갔었습니다.

이것은 칭다오에서 산 것입니다.

저는 차를 타고 온 것입니다.

이때 앞에 是는 생략할 수 있다.

我(是)跟妈妈一起买的。(대상)
Wǒ shì gēn māma yìqǐ mǎi de.

나는 엄마와 같이 산 것입니다.

 1 青岛 [Qīngdǎo] 고유 칭다오

 06-04

티엔티엔 문형 연습하기

练习

▶ 주어진 문형을 이용하여 다양하게 표현해 보세요.

① 我去过上海。
Wǒ qù guo Shànghǎi.

| 吃 chī | 川菜[1] Chuāncài |
| 谈 tán | 恋爱[2] liàn'ài |

② 我没去过上海。
Wǒ méi qù guo Shànghǎi.

| 坐 zuò | 地铁[3] dìtiě |
| 骑[4] qí | 自行车[5] zìxíngchē |

③ 我坐过一次火车。
Wǒ zuò guo yí cì huǒchē.

| 喝 hē | 两次 liǎng cì | 白酒[6] báijiǔ |
| 做 zuò | 一次 yí cì | 中国菜 Zhōngguócài |

④ 我是去年去的。
Wǒ shì qùnián qù de.

| 我 Wǒ | 跟朋友一起去 gēn péngyou yìqǐ qù |
| 他 Tā | 坐火车[7]来 zuò huǒchē lái |

1 川菜 [Chuāncài] 명 쓰촨요리
2 谈恋爱 [tán liàn'ài] 연애를 하다
3 地铁 [dìtiě] 명 지하철
4 骑 [qí] 동 (동물이나 자전거 등에) 타다

5 自行车 [zìxíngchē] 명 자전거
6 白酒 [báijiǔ] 명 배갈, 고량주
7 火车 [huǒchē] 명 기차

6. 당신은 상하이에 가본 적이 있나요?

티엔티엔 생각 표현하기

说一说

▶ 그림을 보고 대화를 완성하세요.

上海 / 上个月
Shànghǎi / shàng ge yuè

A 你去过 _____ 吗?
  Nǐ qù guo _____ ma?

B 我 _____ 。
  Wǒ _____ .

A 你是什么时候去的?
  Nǐ shì shénme shíhou qù de?

B 我 _____ 。
  Wǒ _____ .

火车 / 三次
huǒchē / sān cì

A 你在中国坐过 _____ 吗?
  Nǐ zài Zhōngguó zuò guo _____ ma?

B 我 _____ 。
  Wǒ _____ .

A 你坐过几次?
  Nǐ zuò guo jǐ cì?

B 我 _____ 。
  Wǒ _____ .

티엔티엔 듣고 표현하기

听一听

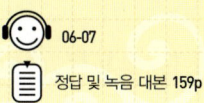

06-07

정답 및 녹음 대본 159p

▶ 녹음을 듣고 제시된 문장의 옳고 그름을 표시하세요.

① 我去过中国。　　　　　　　　（　　）
　Wǒ qù guo Zhōngguó.

② 美珍看过那本书。　　　　　　（　　）
　Měizhēn kàn guo nà běn shū.

③ 我是去年去上海的。　　　　　（　　）
　Wǒ shì qùnián qù Shànghǎi de.

티엔티엔 글로 표현하기

写一写

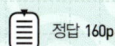

정답 160p

▶ 주어진 단어를 어순에 맞게 배열하세요.

① 什么时候　你　的　是　去
　shénme shíhou　nǐ　de　shì　qù

　_____?　당신은 언제 갔었습니까?
　_____?

② 这次　要　你　去　国庆节　哪儿
　zhè cì　yào　nǐ　qù　Guóqìngjié　nǎr

　_____?　이번 국경절에 당신은 어디에 가려고 하나요?
　_____?

③ 坐　我　还　过　游船　呢
　zuò　wǒ　hái　guo　yóuchuán　ne

　_____。　나는 또 유람선을 타본 적이 있어요.
　_____．

6. 당신은 상하이에 가본 적이 있나요?　69

티엔티엔 생각펼치기

聊一聊

 06-08

중국의 도시 (中国的城市 Zhōngguó de chéngshì)

哈尔滨 Hā'ěrbīn 하얼빈
冰灯节 Bīngdēngjié 얼음축제

北京 Běijīng 베이징
长城 Chángchéng 만리장성

青岛 Qīngdǎo 칭다오
青岛啤酒 Qīngdǎo píjiǔ 칭다오 맥주

上海 Shànghǎi 상하이
东方明珠 Dōngfāngmíngzhū 동방명주

香港 Xiānggǎng 홍콩
迪士尼乐园 Díshìní lèyuán 디즈니랜드

UNIT 7

门开着，窗户也开着。
Mén kāi zhe, chuānghu yě kāi zhe.

문이 열려 있고, 창문도 열려 있습니다.

07-01

회화 포인트

교실 풍경 소개하기
墙上挂着世界地图。
Qiáng shang guà zhe shìjiè dìtú.
벽에 세계지도가 걸려 있습니다.

어법 포인트

동작의 지속 '着' 학습하기
门开着，窗户关着。
Mén kāi zhe, chuānghu guān zhe.
문은 열려 있고, 창문은 닫혀 있습니다.

형용사 중첩 학습하기
大大的教室里有很多学生。
Dàdà de jiàoshì li yǒu hěn duō xuésheng.
아주 큰 교실 안에 많은 학생이 있습니다.

단어

生词

教室	[jiàoshì]	명 교실
放	[fàng]	동 놓다
着	[zhe]	조 ~한 채로 있다, ~해 있다
桌子	[zhuōzi]	명 책상, 테이블
椅子	[yǐzi]	명 의자
墙	[qiáng]	명 벽
挂	[guà]	동 걸다
世界地图	[shìjiè dìtú]	명 세계지도
开	[kāi]	동 열다, 켜다, 피다
窗户	[chuānghu]	명 창문
站	[zhàn]	동 서다
讲	[jiǎng]	동 설명하다, 강의하다
~的时候	[~de shíhou]	~할 때
笑	[xiào]	동 웃다
聊天儿	[liáo tiānr]	동 한담하다, 수다 떨다
杂志	[zázhì]	명 잡지
开心	[kāixīn]	형 즐겁다

我们的教室
Wǒmen de jiàoshì

这是民国和美珍的教室。大大的教室里放着很
Zhè shì Mínguó hé Měizhēn de jiàoshì.　Dàdà　de　jiàoshì li fàng zhe hěn

多桌子和椅子，墙上还挂着世界地图。
duō zhuōzi hé　yǐzi,　　qiáng shang hái guà zhe shìjiè dìtú.

门开着，窗户也开着。上课的时候，老师站着
Mén kāi zhe, chuānghu yě kāi zhe.　Shàng kè de shíhou,　lǎoshī zhàn zhe

讲课，学生们坐着听课。
jiǎng kè,　xuéshengmen zuò zhe tīng kè.

休息的时候，美珍笑着聊天儿，民国听着音乐看
Xiūxi de shíhou, Měizhēn xiào zhe liáo tiānr, Mínguó tīng zhe yīnyuè kàn

杂志。教室里的同学们都开开心心的。
zázhì. Jiàoshì li de tóngxuémen dōu kāikaixīnxīn de.

티엔티엔 기억하기  语法

> **어법 1** 동태 조사 '着'
>
> 술어 뒤에 놓여 어떠한 동작이나 상태가 지속되고 있음을 나타낸다.

동작이나 상태의 지속

동사 + 着 + (목적어)

门开着，窗户关[1]着。
Mén kāi zhe, chuānghu guān zhe.

문은 열려 있고, 창문은 닫혀 있습니다.

学生们坐着。
Xuéshengmen zuò zhe.

학생들이 앉아 있습니다.

他没穿[2]着袜子[3]。
Tā méi chuān zhe wàzi.

그는 양말을 신고 있지 않습니다.

동작의 방식 (연동문)

동사₁ + 着 + (목적어) + 동사₂ + (목적어)

她听着音乐走路[4]。
Tā tīng zhe yīnyuè zǒu lù.

그녀는 음악을 들으면서 길을 걷습니다.

他躺[5]着看电视。
Tā tǎng zhe kàn diànshì.

그는 누운 채로 TV를 봅니다.

 07-04

1 关 [guān] 동 끄다, 닫다
2 穿 [chuān] 동 입다
3 袜子 [wàzi] 명 양말
4 路 [lù] 명 길
5 躺 [tǎng] 동 눕다

7. 문이 열려 있고, 창문도 열려 있습니다.

어법 2 형용사 중첩

일부 형용사는 중첩할 수 있는데, 중첩된 형용사는 그 의미가 강조되고 말의 생동감을 더한다.

단음절 형용사 [A → AA]

大大的面包　　　　　　　　　커다란 빵
Dàdà de miànbāo

他的个子高高的*　　　　　　　그의 키가 매우 큽니다
Tā de gèzi gāogāo de

*중첩된 형용사가 명사를 수식하거나 술어로 쓰일 때는 뒤에 '的 de'를 붙인다.

이음절 형용사 [AB → AABB]

干干净净⁶的教室　　　　　　　매우 깨끗한 교실
Gānganjìngjìng de jiàoshì

高高兴兴的样子⁷　　　　　　　매우 즐거운 모습
gāogaoxìngxìng de yàngzi

6 干净 [gānjìng] 형 깨끗하다　　　　7 样子 [yàngzi] 명 모양, 모습

 07-04

▶ 주어진 문형을 이용하여 다양하게 표현해 보세요.

1 门开着。
Mén kāi zhe.

空调[1]	开
Kōngtiáo	kāi
窗户	关
Chuānghu	guān

2 墙上挂着世界地图。
Qiáng shang guà zhe shìjiè dìtú.

教室里	坐	很多学生
Jiàoshì li	zuò	hěn duō xuésheng
她	穿	漂亮的衣服
Tā	chuān	piàoliang de yīfu

3 我躺着看书。
Wǒ tǎng zhe kàn shū.

趴[2]	睡觉
pā	shuì jiào
坐	喝咖啡
zuò	hē kāfēi

4 大大的教室里有很多学生。
Dàdà de jiàoshì li yǒu hěn duō xuésheng.

干干净净	房间[3]里	一幅[4]画[5]
gānganjìngjìng	fángjiān li	yì fú huà
厚厚[6]	钱包[7]里	很多钱
hòuhòu	qiánbāo li	hěn duō qián

1 空调 [kōngtiáo] 명 에어컨
2 趴 [pā] 동 엎드리다
3 房间 [fángjiān] 명 방
4 幅 [fú] 양 폭 (그림을 세는 단위)
5 画 [huà] 명 그림
6 厚 [hòu] 형 두껍다
7 钱包 [qiánbāo] 명 지갑

티엔티엔 생각 표현하기

说一说

▶ 그림을 보고 중국어로 그림을 설명해 보세요.

这是大韩的家。
Zhè shì Dàhán de jiā.

门开着，窗户也 _____，花园¹里的花² 都开着。
Mén kāi zhe, chuānghu yě _____, huāyuán li de huā dōu kāi zhe.

大韩的床上 _____ 很多书，
Dàhán de chuáng shang _____ hěn duō shū,

墙上 _____ 一张³ 成龙⁴ 的照片⁵ 。
qiáng shang _____ yì zhāng Chéng Lóng de zhàopiàn.

大韩正在 _____ 。
Dàhán zhèngzài _____.

1 花园 [huāyuán] 명 정원, 화원
2 花 [huā] 명 꽃
3 张 [zhāng] 양 장 (종이를 세는 단위)
4 成龙 [Chéng Lóng] 인명 중국 영화배우 '청룽'
5 照片 [zhàopiàn] 명 사진

티엔티엔 듣고 표현하기

听一听

07-07
정답 및 녹음 대본 160p

▶ 녹음을 듣고 내용이 일치하는 그림을 고르세요.

티엔티엔 글로 표현하기

写一写

정답 160p

▶ 주어진 단어를 어순에 맞게 배열하세요.

① 放着　和　教室里　椅子　很多　桌子
　　fàng zhe　hé　jiàoshì li　yǐzi　hěn duō　zhuōzi

_____ 。 교실 안에 많은 책상과 의자가 놓여져 있습니다.

② 音乐　看　民国　听着　杂志
　　yīnyuè　kàn　Mínguó　tīng zhe　zázhì

_____ 。 민국이는 음악을 들으면서 잡지를 봅니다.

③ 都　的　开开心心的　教室里　同学们
　　dōu　de　kāikaixīnxīn de　jiàoshì li　tóngxuémen

_____ 。 교실 안의 학생들이 모두 매우 즐거워합니다.

7. 문이 열려 있고, 창문도 열려 있습니다.

티엔티엔 생각펼치기

聊一聊

07-08

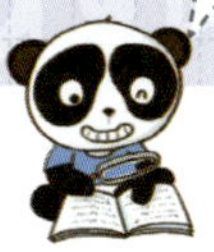

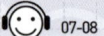

나의 사무실 (我的办公室 wǒ de bàngōngshì)

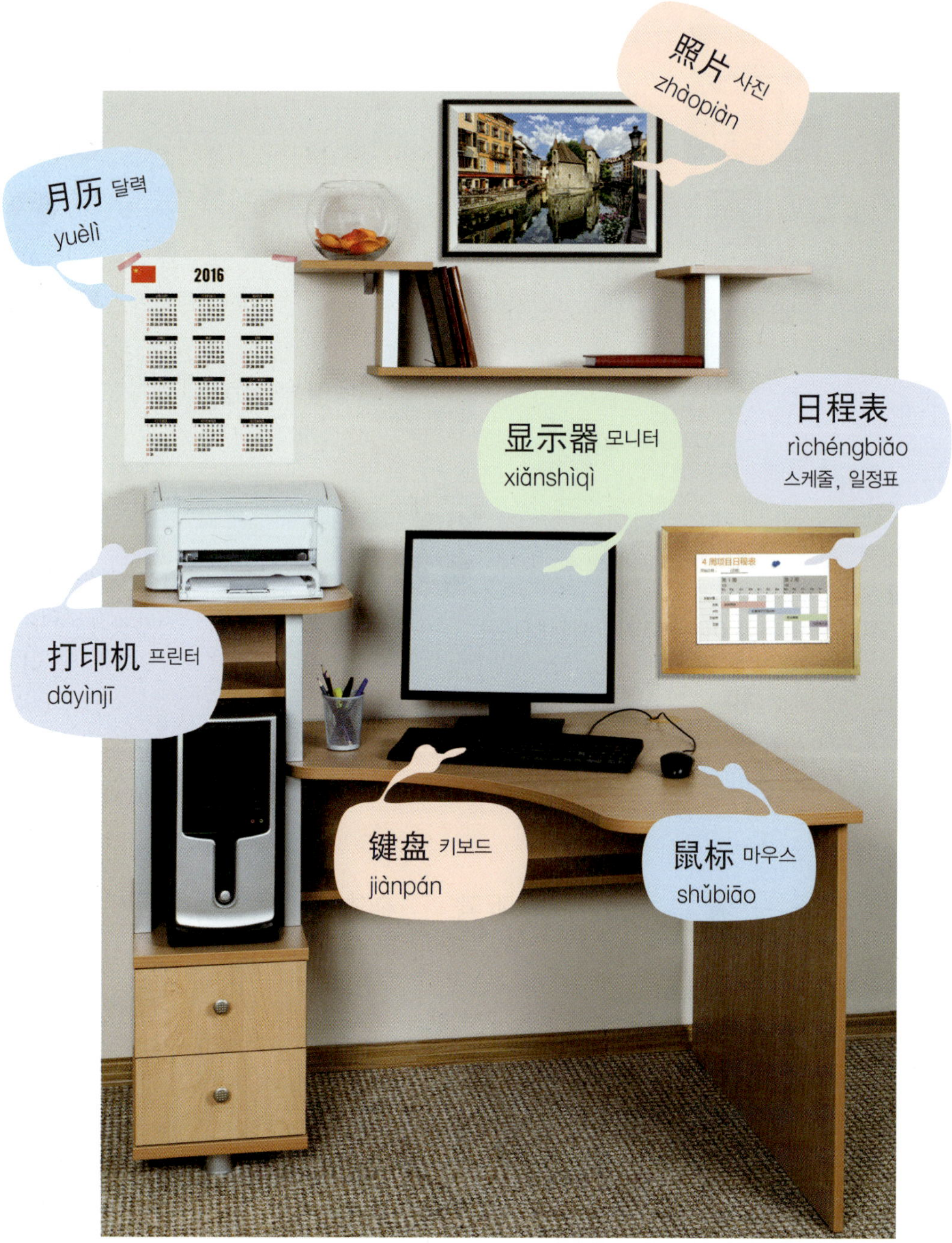
照片 사진
zhàopiàn
月历 달력
yuèlì
2016
显示器 모니터
xiǎnshìqì
日程表
rìchéngbiǎo
스케줄, 일정표
打印机 프린터
dǎyìnjī
键盘 키보드
jiànpán
鼠标 마우스
shǔbiāo

Chapter 4

UNIT 8 ~ UNIT 14

我看了一个小时的电视。
Wǒ kàn le yí ge xiǎoshí de diànshì.

나는 한 시간 동안 TV를 봤습니다.

회화 포인트

여가활동 표현 익히기

你昨天看了多长时间的电视?
Nǐ zuótiān kàn le duō cháng shíjiān de diànshì?
당신은 어제 얼마 동안 TV를 봤습니까?

어법 포인트

시량보어

我学了三个月。
Wǒ xué le sān ge yuè.
나는 3개월 동안 배웠습니다.

단어

生词

多长时间	[duō cháng shíjiān]		얼마 동안
小时	[xiǎoshí]	명	시간 (시간을 세는 단위)
不过	[búguò]	접	그러나
马上	[mǎshàng]	부	곧, 금방
开始	[kāishǐ]	동	시작하다
每天	[měitiān]	부	매일
怪不得	[guàibude]	부	과연, 어쩐지
那么	[nàme]	대	저렇게
流利	[liúlì]	형	유창하다
越~越~	[yuè~yuè~]		~할수록 ~하다

小东妈妈	小东，你昨天看了多长时间的电视？
Xiǎodōng māma	Xiǎodōng, Nǐ zuótiān kàn le duō cháng shíjiān de diànshì?

小东	我昨天看了三个小时的电视。
Xiǎodōng	Wǒ zuótiān kàn le sān ge xiǎoshí de diànshì.

小东妈妈	那你昨天学习了多长时间？
Xiǎodōng māma	Nà nǐ zuótiān xuéxí le duō cháng shíjiān?

小东	昨天没学习，不过我马上就开始学习。
Xiǎodōng	Zuótiān méi xuéxí, búguò wǒ mǎshàng jiù kāishǐ xuéxí.

小东妈妈	………。
Xiǎodōng māma	……….

老师 lǎoshī	你每天学习多长时间的汉语？ Nǐ měitiān xuéxí duō cháng shíjiān de Hànyǔ?
彼得 Bǐdé	我每天学习五个小时的汉语。 Wǒ měitiān xuéxí wǔ ge xiǎoshí de Hànyǔ.
老师 lǎoshī	怪不得你汉语说得那么流利。 Guàibude nǐ Hànyǔ shuō de nàme liúlì.
彼得 Bǐdé	谢谢！我觉得汉语越学越有意思。 Xièxie! Wǒ juéde Hànyǔ yuè xué yuè yǒu yìsi.

> ★ 越 A 越 B는 'A하면 할수록 B 하다'의 뜻으로 상황의 정도가 점점 가중됨을 나타낸다.
>
> 예) 客人越多越好。
> Kèrén yuè duō yuè hǎo.
> 손님이 많으면 많을수록 좋다.

티엔티엔 기억하기

어법 1 시량보어

시량보어는 동사 뒤에 놓여 동작이 지속된 시간, 즉 '얼마 동안 ~하다'라는 의미를 나타낸다.

> 주어 + 동사(了) + 시량보어

我学了三个月。
Wǒ xué le sān ge yuè.
나는 3개월 동안 배웠습니다.

我看了一个小时。
Wǒ kàn le yí ge xiǎoshí.
나는 한 시간 동안 봤습니다.

['시간의 양'을 나타내는 표현]

一分钟 yì fēnzhōng	1분(동안)	两个星期 liǎng ge xīngqī	2주(동안)
一个小时 yí ge xiǎoshí	한 시간(동안)	两个月 liǎng ge yuè	두 달(동안)
一天 yì tiān	하루(동안)	两年 liǎng nián	2년(동안)
多长时间 duō cháng shíjiān	얼마 동안	半天 bàntiān	한참(동안)

목적어의 위치

① 일반명사 목적어

我学了三个月(的)汉语。
Wǒ xué le sān ge yuè (de) Hànyǔ.

저는 3개월 동안 중국어를 배웠습니다.

我看了两个小时(的)电影。
Wǒ kàn le liǎng ge xiǎoshí (de) diànyǐng.

저는 2시간 동안 영화를 봤습니다.

② 동사 중복

我学汉语学了三个月。
Wǒ xué Hànyǔ xué le sān ge yuè.

저는 3개월 동안 중국어를 배웠습니다.

我看电影看了两个小时。
Wǒ kàn diànyǐng kàn le liǎng ge xiǎoshí.

저는 2시간 동안 영화를 봤습니다.

티엔티엔 문형 연습하기 练习

▶ 주어진 문형을 이용하여 다양하게 표현해 보세요.

1 我学了十年(的)英语。
Wǒ xué le shí nián (de) Yīngyǔ.

打 dǎ	二十分钟 èrshí fēnzhōng	电话 diànhuà
玩 wán	两个小时 liǎng ge xiǎoshí	电脑 diànnǎo

2 我学英语学了十年。
Wǒ xué Yīngyǔ xué le shí nián.

打 dǎ	电话 diànhuà	打 dǎ	二十分钟 èrshí fēnzhōng
坐 zuò	飞机 fēijī	坐 zuò	五个小时 wǔ ge xiǎoshí

3 汉语越学越有意思。
Hànyǔ yuè xué yuè yǒu yìsi.

英语 Yīngyǔ	学 xué	难 nán
四川菜 Sìchuāncài	吃 chī	辣 là

1 玩 [wán] 동 놀다, (컴퓨터 등을) 하다
2 难 [nán] 형 어렵다
3 四川菜 [sìchuāncài] 쓰촨요리
4 辣 [là] 형 맵다

▶ 그림을 보고 이야기해 보세요.

1 A 你睡了多长时间？ B _____。
　　　Nǐ shuì le duō cháng shíjiān?

2 A _____? B 我打了一个小时电话。
　　　_____? 　 Wǒ dǎ le yí ge xiǎoshí diànhuà.

3 A 你等了多长时间？ B _____。
　　　Nǐ děng le duō cháng shíjiān?

4 A _____? B 我踢足球踢了半天。
　　　_____? 　 Wǒ tī zúqiú tī le bàntiān.

티엔티엔 듣고 표현하기

▶ 녹음을 듣고 제시된 문장의 옳고 그름을 표시하세요.

① 我学了四个月汉语。　　　　　　　　（　　）
　 Wǒ xué le sì ge yuè Hànyǔ.

② 我玩了一个小时的电脑。　　　　　　（　　）
　 Wǒ wán le yí ge xiǎoshí de diànnǎo.

③ 小东汉语说得不好。　　　　　　　　（　　）
　 Xiǎodōng Hànyǔ shuō de bù hǎo.

티엔티엔 글로 표현하기

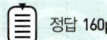

▶ 주어진 단어를 어순에 맞게 배열하세요.

① 看了　电视　你　多长时间　昨天
　 kàn le　diànshì　nǐ　duō cháng shíjiān　zuótiān

　_____？ 당신은 어제 얼마 동안 TV를 보았습니까?

② 马上就　我　学习　开始
　 mǎshàng jiù　wǒ　xuéxí　kāishǐ

　_____。 저는 곧 바로 공부를 시작할 거예요.

③ 学　越　汉语　有意思　越
　 xué　yuè　Hànyǔ　yǒu yìsi　yuè

　_____。 중국어는 배우면 배울수록 재미있어요.

티엔티엔 생각펼치기

聊一聊

중국인의 여가 생활 (中国人的业余生活 Zhōngguórén de yèyú shēnghuó)

去郊外旅行
qù jiāowài lǚxíng
교외로 여행가다

打麻将
dǎ májiàng
마작을 하다

打扑克
dǎ pūkè
트럼프 놀이를 하다

打太极拳
dǎ tàijíquán
태극권을 하다

打乒乓球
dǎ pīngpāngqiú
탁구를 치다

喝着茶聊天(儿)
hē zhe chá liáo tiān(r)
차를 마시며 수다를 떨다

拉二胡
lā èrhú
얼후(중국 전통악기)를 켜다

UNIT 9

你们都考完了吗?
Nǐmen dōu kǎo wán le ma?

시험은 다 끝났습니까?

회화 포인트

학습 및 업무에 관련된 표현 배우기

你们都考完了吗?
Nǐmen dōu kǎo wán le ma?
시험은 다 끝났습니까?

어법 포인트

결과보어

我看完书了。
Wǒ kàn wán shū le.
나는 책을 다 보았습니다.

겸어문

他让我写。
Tā ràng wǒ xiě.
그는 나에게 쓰게 했습니다.

단어

生词

考	[kǎo]	동 시험보다
完	[wán]	동 끝내다, 마치다
终于	[zhōngyú]	부 마침내, 결국
不好意思	[bùhǎoyìsi]	(인사말로) 미안합니다, 부끄럽다, 쑥스럽다
报告	[bàogào]	명 보고서, 리포트 동 보고하다
帮	[bāng]	동 돕다
资料	[zīliào]	명 자료
怎么样	[zěnmeyàng]	어떻다, 어떠하다
但是	[dànshì]	접 그러나
水平	[shuǐpíng]	명 수준
大部分	[dàbùfen]	부 대부분, 거의 다
懂	[dǒng]	동 이해하다
担心	[dānxīn]	동 걱정하다
让	[ràng]	동 ~에게 시키다, ~하게 하다

美娜	你们都考完了吗?
Měinà	Nǐmen dōu kǎo wán le ma?

大韩	终于考完了。
Dàhán	Zhōngyú kǎo wán le.

你跟我们一起去看电影吧。
Nǐ gēn wǒmen yìqǐ qù kàn diànyǐng ba.

美娜	不好意思,我还没写完报告。
Měinà	Bùhǎoyìsi, wǒ hái méi xiě wán bàogào.

你们去看吧。
Nǐmen qù kàn ba.

民国	我们帮你找资料,怎么样?
Mínguó	Wǒmen bāng nǐ zhǎo zīliào, zěnmeyàng?

美娜
Měinà

资料都找到了，但是我的汉语水平不太高，
Zīliào dōu zhǎo dào le, dànshì wǒ de Hànyǔ shuǐpíng bú tài gāo,

大部分都没看懂。
dàbùfen dōu méi kàn dǒng.

大韩
Dàhán

你别担心！我让小东帮帮你吧。
Nǐ bié dānxīn! Wǒ ràng Xiǎodōng bāngbang nǐ ba.

티엔티엔 기억하기

语法

어법 1 결과보어

동사 뒤에 위치하여 동작의 결과를 보충 설명하는 보어를 말한다.

동사	+	결과보어		
吃	+	好	→	吃好了
chī		hǎo		chī hǎo le
먹다		좋다		잘 먹었다

我听懂了。
Wǒ tīng dǒng le.
나는 알아들었습니다(듣고 이해했습니다).

我看完书了。
Wǒ kàn wán shū le.
나는 책을 다 보았습니다.

A 你写好了没有?
　 Nǐ xiě hǎo le méiyou?
당신은 잘 썼습니까?

B 我没写好。
　 Wǒ méi xiě hǎo.
저는 잘 쓰지 못했습니다.

[자주 사용되는 결과보어]

好 hǎo	원만한 결과로 동작이 완성됨	我休息好了。 Wǒ xiūxi hǎo le. 나는 잘 쉬었습니다.
完 wán	동작을 완성함	我吃完饭了。 Wǒ chī wán fàn le. 나는 밥을 다 먹었습니다.
懂 dǒng	동작 후 이해함	我听懂汉语了。 Wǒ tīng dǒng Hànyǔ le. 나는 중국어를 알아들었습니다.
错 cuò	동작 후 결과가 잘못되거나 틀림	他写错汉字了。 Tā xiě cuò Hànzì le. 그는 한자를 잘못 썼습니다.

9. 시험은 다 끝났습니까?　97

到 dào	동작의 목적을 달성했음	她找**到**了我的钱包¹。 Tā zhǎo dào le wǒ de qiánbāo. 그녀는 나의 지갑을 찾아냈습니다.
	장소나 시간에 도달함	我睡**到**八点了。 Wǒ shuì dào bā diǎn le. 나는 8시까지 잤습니다.

어법 2 겸어문

겸어문이란 하나의 문장에서 앞 동사의 목적어가 동시에 뒤 동사의 주어 역할을 겸하는 문장을 말한다. '~로 하여금(에게) ~하게 하다'의 의미를 나타낸다.

```
(겸어) 동사1*  +  목적어
                   주어   +  동사2
```

他   让   我   写。   그는 나에게 쓰게 합니다.
Tā   ràng   wǒ   xiě.

*동사 1은 겸어동사 '让 ràng, 叫 jiào, 请 qǐng(~청하다)' 등이 온다.

妈妈**叫**我打扫²房间。   엄마는 나에게 방 청소를 시킵니다.
Māma jiào wǒ dǎsǎo fángjiān.

他**请**我们吃晚饭。   그는 우리에게(를 청하여) 저녁을 대접합니다.
Tā qǐng wǒmen chī wǎnfàn.

   09-04

1 钱包 [qiánbāo] 명 지갑   2 打扫 [dǎsǎo] 동 청소하다

 티엔티엔 문형 연습하기 练习

09-05

▶ 주어진 문형을 이용하여 다양하게 표현해 보세요.

1
A 你吃完饭了吗?
Nǐ chī wán fàn le ma?

B 我没吃完。
Wǒ méi chī wán.

看	懂	中文[1]
kàn	dǒng	Zhōngwén
写	错	汉字
xiě	cuò	Hànzì

2 我睡到八点了。
Wǒ shuì dào bā diǎn le.

找	到	钱包
zhǎo	dào	qiánbāo
做	好	作业
zuò	hǎo	zuòyè

3 我让小东帮帮你。
Wǒ ràng Xiǎodōng bāngbang nǐ.

叫	朋友	带伞[2]
jiào	péngyou	dài sǎn
请	同学们	喝啤酒
qǐng	tóngxuémen	hē píjiǔ

단어

1 中文 [Zhōngwén] 명 중국어, 중국의 언어와 문자　　2 伞 [sǎn] 명 우산

▶ 그림을 보고 이야기해 보세요.

① A _____?
　　　　　　　　　　　　　？
　B 我都考完了，考得不错。
　　Wǒ dōu kǎo wán le, kǎo de búcuò.

② A 你看懂了中文书吗？
　　Nǐ kàn dǒng le Zhōngwén shū ma?
　B _____。
　　　　　　　　　　　　　．

③ 民国 _____。（错 / 汉字）
　Mínguó 　　　　　　　　　．　(cuò / Hànzì)

④ 老师 _____。（让 / 写报告）
　Lǎoshī 　　　　　　　　　．　(ràng / xiě bàogào)

티엔티엔 듣고 표현하기

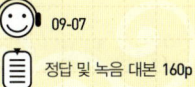

정답 및 녹음 대본 160p

听一听

▶ 녹음을 듣고 제시된 문장의 옳고 그름을 표시하세요.

1. 我们还没考完。 (　　)
   Wǒmen hái méi kǎo wán.

2. 大韩都看懂了。 (　　)
   Dàhán dōu kàn dǒng le.

3. 民国帮他写报告。 (　　)
   Mínguó bāng tā xiě bàogào.

티엔티엔 글로 표현하기

写一写

정답 161p

▶ 주어진 단어를 어순에 맞게 배열하세요.

1. 没　还　完　写　报告　我
   méi　hái　wán　xiě　bàogào　wǒ

   _____ 。
   저는 아직 보고서를 다 쓰지 못했습니다.

2. 小东　帮帮　我　让　你　吧。
   Xiǎodōng　bāngbang　wǒ　ràng　nǐ　ba

   _____ 。
   제가 샤오둥에게 당신을 좀 도와주라고 할게요.

3. 都　看　没　懂　大部分
   dōu　kàn　méi　dǒng　dàbùfen

   _____ 。
   대부분 다 이해하지 못했어요.

학습과 업무 (学习和业务 xuéxí hé yèwù)

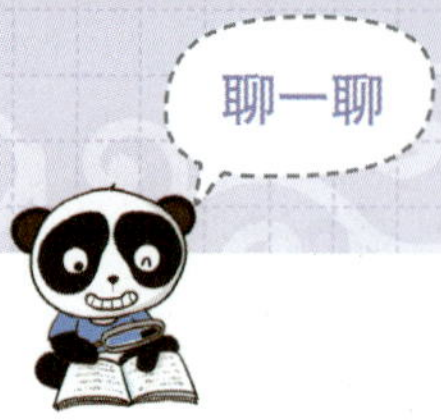

학습	업무
复习 / 预习 fùxí / yùxí 복습하다 / 예습하다	上司 / 下属 shàngsi / xiàshǔ 상사, 상관 / 부하직원
期中考试 / 期末考试 qīzhōng kǎoshì / qīmò kǎoshì 중간고사 / 기말고사	文件 wénjiàn 파일, 서류
辅导 fǔdǎo (학습을 도우며) 지도하다	合同 hétong 계약서
小学/初中/高中/大学 xiǎoxué / chūzhōng / gāozhōng / dàxué 초등학교 / 중학교 / 고등학교 / 대학교	加班 jiā bān 야근하다
~年级 / 第~学期 ~ niánjí / dì ~ xuéqī ~학년 / ~학기	实习生 shíxíshēng 인턴, 실습생

UNIT 10

上海比北京还热闹。
Shànghǎi bǐ Běijīng hái rènao.

상하이는 베이징보다 더 번화합니다.

10-01

회화 포인트

날씨와 관련된 표현 배우기

首尔比北京暖和一点儿。
Shǒu'ěr bǐ Běijīng nuǎnhuo yìdiǎnr.
서울이 베이징보다 조금 따뜻합니다.

어법 포인트

비교문

北京比首尔热一点儿。
Běijīng bǐ Shǒu'ěr rè yìdiǎnr.
베이징은 서울보다 조금 덥습니다.

단어

生词 10-02

热闹	[rènao]	형 번화하다, 시끌벅적하다
商业	[shāngyè]	명 상업
城市	[chéngshì]	명 도시
天气	[tiānqì]	명 날씨
夏天	[xiàtiān]	명 여름
热	[rè]	형 덥다, 뜨겁다
冬天	[dōngtiān]	명 겨울
冷	[lěng]	형 춥다, 차다
秋天	[qiūtiān]	명 가을
凉快	[liángkuai]	형 시원하다
新鲜	[xīnxiān]	형 신선하다
水果	[shuǐguǒ]	명 과일
而且	[érqiě]	접 게다가
风景	[fēngjǐng]	명 풍경
美	[měi]	형 아름답다
极了	[jí le]	극히, 매우 (형용사 뒤에 놓여 정도를 강조함)

본문

课文

| 美娜
Měinà | 听说上海比北京还热闹，是不是？
Tīngshuō Shànghǎi bǐ Běijīng hái rènao, shì bu shì? |

| 王明
Wáng Míng | 是啊。上海是一个商业城市，
Shì a. Shànghǎi shì yí ge shāngyè chéngshì,
比北京热闹多了。
bǐ Běijīng rènao duō le. |

| 民国
Mínguó | 上海的天气怎么样？
Shànghǎi de tiānqì zěnmeyàng? |

| 王明
Wáng Míng | 夏天比北京热一点儿，
Xiàtiān bǐ Běijīng rè yìdiǎnr,
但是冬天没有北京这么冷。
dànshì dōngtiān méiyǒu Běijīng zhème lěng. |

美娜 我最喜欢北京的秋天，不冷也不热，
Měinà Wǒ zuì xǐhuan Běijīng de qiūtiān, bù lěng yě bú rè,

很凉快。
hěn liángkuai.

王明 秋天还有很多新鲜水果，
Wáng Míng Qiūtiān hái yǒu hěn duō xīnxiān shuǐguǒ,

而且风景也美极了。
érqiě fēngjǐng yě měi jí le.

티엔티엔 기억하기  语法

어법 1 전치사 '比'를 사용한 비교문

A + 比 + B + 술어 + (정도의 차이)

我 比 他 大   나는 그보다 나이가 많다
Wǒ bǐ tā dà

北京比首尔热。   베이징이 서울보다 덥습니다.
Běijīng bǐ Shǒu'ěr rè.

我妈妈比爸爸还(更)*忙。   어머니가 아버지보다 더 바쁩니다.
Wǒ māma bǐ bàba hái (gèng) máng.

* 비교문에서는 의미를 강조할 때 '더욱, 훨씬'의 의미를 가진 부사 '还, 更' 등을 사용하고, '很, 非常' 등의 비교의 의미가 없는 부사는 사용할 수 없다.

我妈妈比爸爸非常忙。(×)
Wǒ māma bǐ bàba fēicháng máng.

我比他大三岁。   나는 그보다 세 살 많습니다.
Wǒ bǐ tā dà sān suì.

我妈妈比爸爸忙得多(多了)。   어머니는 아버지보다 훨씬 바쁩니다.
Wǒ māma bǐ bàba máng de duō (duō le).

北京比首尔热一点儿。   베이징은 서울보다 조금 덥습니다.
Běijīng bǐ Shǒu'ěr rè yìdiǎnr.

부정형

A + 没有 + B + (那么 / 这么) 술어

我 没有 他 (那么) 忙。   나는 그만큼 그렇게 바쁘지 않습니다.
Wǒ méiyǒu tā nàme máng.

기타 비교문

두 대상의 비교결과가 똑같거나 큰 차이가 없음을 나타낸다.

A 跟 B 一样 [yíyàng] / 差不多 [chà bu duō]
A는 B와 똑같다 / 비슷하다

我的衣服跟她的衣服一样¹。 내 옷은 그녀의 옷과 똑같습니다.
Wǒ de yīfu gēn tā de yīfu yíyàng.

今天的天气跟昨天差不多²。 오늘 날씨가 어제와 비슷합니다.
Jīntiān de tiānqì gēn zuótiān chà bu duō.

1 一样 [yíyàng] 형 같다, 동일하다

2 差不多 [chà bu duō] 형 비슷하다, 차이가 없다

티엔티엔 문형 연습하기

练习

🎧 10-05

▶ 주어진 문형을 이용하여 다양하게 표현해 보세요.

① 上海比北京热一点儿。
Shànghǎi bǐ Běijīng rè yìdiǎnr.

② 首尔没有上海那么热。
Shǒu'ěr méiyǒu Shànghǎi nàme rè.

妈妈	爸爸	大	三岁
Māma	bàba	dà	sān suì
弟弟	哥哥	高	多了
Dìdi	gēge	gāo	duō le

汉语	英语	难
Hànyǔ	Yīngyǔ	nán
火车[1]	飞机	快
Huǒchē	fēijī	kuài

 50岁　 47岁

③ 秋天的风景美极了。
Qiūtiān de fēngjǐng měi jíle.

今天天气	好
Jīntiān tiānqì	hǎo
韩国的网速[2]	快
Hánguó de wǎngsù	kuài

1 火车 [huǒchē] 몡 기차　　2 网速 [wǎngsù] 인터넷 서버의 데이터 처리 속도

티엔티엔 생각 표현하기

 说一说

10-06

▶ 다음 그림을 보고 이야기해 보세요.

① 海南岛比北京热吗?
Hǎinándǎo bǐ Běijīng rè ma?

_____。(得多)
_____. (de duō)

② 哈尔滨比大连冷吗?
Hā'ěrbīn bǐ Dàlián lěng ma?

_____。(更)
_____. (gèng)

③ 美珍 _____。(一点儿)
Měizhēn _____. (yìdiǎnr)

④ 苹果 _____。(没有 / 西瓜 / 大)
Píngguǒ _____. (méiyǒu / xīguā / dà)

티엔티엔 듣고 표현하기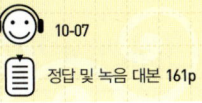

▶ 녹음을 듣고 제시된 문장의 옳고 그름을 표시하세요.

① 上海比北京还热闹。　　　　　　　　（　　）
　Shànghǎi bǐ Běijīng hái rènao.

② 上海没有北京热。　　　　　　　　　（　　）
　Shànghǎi méiyǒu Běijīng rè.

③ 秋天的风景非常美。　　　　　　　　（　　）
　Qiūtiān de fēngjǐng fēicháng měi.

티엔티엔 글로 표현하기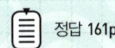

▶ 주어진 단어를 어순에 맞게 배열하세요.

① 比　　上海　　还　　北京　　听说　　热闹
　bǐ　　Shànghǎi　hái　　Běijīng　tīngshuō　rènao

　_____。
　들자하니 상하이는 베이징보다 더 번화하대요.

② 没有　　冷　　北京　　这么　　冬天
　méiyǒu　lěng　Běijīng　zhème　dōngtiān

　_____。
　겨울은 베이징만큼 이렇게 춥지 않습니다.

③ 喜欢　　我　　北京　　最　　的　　秋天
　xǐhuan　wǒ　　Běijīng　zuì　　de　　qiūtiān

　_____。
　저는 베이징의 가을을 가장 좋아합니다.

티엔티엔 생각펼치기

聊一聊

계절과 날씨 (季节和天气 jìjié hé tiānqì)

계절 - 사계절 (四季 sìjì)

春天
chūntiān
봄

夏天
xiàtiān
여름

秋天
qiūtiān
가을

冬天
dōngtiān
겨울

날씨(天气 tiānqì)

| 晴 qíng 맑다 | 阴 yīn 흐리다 | 闷热 mēnrè 후덥지근하다 | 暖和 nuǎnhuo 따뜻하다 |

| 下雪 xià xuě 눈이 내리다 | 打雷 dǎ léi 천둥이 치다 | 干燥 gānzào 건조하다 | 潮湿 cháoshī 습하다 |

快点儿出去吧。
Kuài diǎnr chū qu ba.

빨리 나갑시다.

11-01

회화 포인트

중국어로 음식주문하기

今天我请客，你们随便点。
Jīntiān wǒ qǐng kè, nǐmen suíbiàn diǎn.
오늘은 제가 한턱 낼 테니, 마음대로 시키세요.

어법 포인트

방향보어 학습하기

他进去了。
Tā jìn qu le.
그는 들어갔습니다.

我们走上去吧。
Wǒmen zǒu shàngqu ba.
우리 걸어 올라갑시다.

단어

生词

家	[jiā]	양 집·점포·공장 등을 세는 단위
饭店	[fàndiàn]	명 식당, 호텔
进	[jìn]	동 (밖에서 안으로) 들다
好像	[hǎoxiàng]	부 마치 ~와(과) 같다
位子	[wèizi]	명 자리, 좌석
服务员	[fúwùyuán]	명 종업원
楼上	[lóushàng]	명 2층, 위층
点	[diǎn]	동 주문하다
菜单	[càidān]	명 메뉴, 차림표
请客	[qǐng kè]	동 한턱 내다, 초대하다
随便	[suíbiàn]	부 마음대로, 좋을대로
以前	[yǐqián]	명 이전, 예전
味道	[wèidao]	명 맛
点心	[diǎnxin]	명 간식(거리)
拿	[ná]	동 (손으로) 잡다, 쥐다, 가지다
出	[chū]	동 나가다(오다)
买单	[mǎidān]	명 계산서 동 계산하다
宫保鸡丁	[Gōngbǎojīdīng]	고유 꽁빠오지딩 (중국음식명)
鱼香肉丝	[Yúxiāngròusī]	고유 위샹로우쓰 (중국음식명)

王明 Wáng Míng	这儿有一家饭店，我们进去看看。 Zhèr yǒu yì jiā fàndiàn, wǒmen jìn qu kànkan.
美娜 Měinà	人怎么这么多，好像没有位子。 Rén zěnme zhème duō, hǎoxiàng méiyǒu wèizi.
服务员 fúwùyuán	你们上去吧，楼上有位子。 Nǐmen shàng qu ba, lóushàng yǒu wèizi.

服务员 fúwùyuán	请点菜，这是菜单。 Qǐng diǎn cài, zhè shì càidān.
王明 Wáng Míng	今天我请客，你们随便点。 Jīntiān wǒ qǐng kè, nǐmen suíbiàn diǎn.
民国 Mínguó	我以前吃过宫保鸡丁、鱼香肉丝， Wǒ yǐqián chī guo Gōngbǎojīdīng、Yúxiāngròusī, 味道都不错。 wèidao dōu búcuò.

民国 Mínguó	这是我在上海买的点心。 Zhè shì wǒ zài Shànghǎi mǎi de diǎnxin. 你们拿回去尝尝吧。 Nǐmen ná huíqu chángchang ba.
王明 Wáng Míng	太谢谢你了！看起来真好吃。 Tài xièxie nǐ le! Kàn qǐlai zhēn hǎo chī.
美珍 Měizhēn	啊，这儿快要关门了，快点儿出去吧。 À, zhèr kuàiyào guān mén le, kuài diǎnr chū qu ba.
美娜 Měinà	服务员，买单。 Fúwùyuán, mǎidān.

> '일어나다'라는 뜻의 '起来'는 看, 听 등의 동사 뒤에 쓰여 '~하자니'라는 의미를 나타내기도 한다.
>
> 예 他看起来很生气。
> Tā kàn qǐlai hěn shēng qì.
> 보아하니 그는 매우 화가 난 것 같다.

티엔티엔 기억하기

语法

어법 1 ▸ 방향보어

일반적으로 동사 뒤에 방향을 나타내는 동사들이 붙어 동작의 진행방향을 나타내는 보어를 말한다.

동사 뒤에 '来 lái / 去 qù' 등을 붙여서 동작이 가까워지거나(来), 멀어짐(去)을 나타낸다.

단순방향보어

주어 + 동사 + 来 / 去*   [단순방향보어]

他 回 来 了。   그는 돌아왔습니다
Tā huí lai le

他进去了。   그는 들어갔습니다.
Tā jìn qu le.

你拿来了吗?   당신은 가져 왔습니까?
Nǐ ná lai le ma?

* '来 lái / 去 qù'가 방향보어로 쓰일 경우 경성으로 발음한다.

복합방향보어

주어 + 동사 + [上 / 下 / 进 / 出 / 过 / 回 / 起] + 来 / 去 [복합방향보어]

他 跑 回 去 了   그는 뛰어 돌아갔습니다
Tā pǎo huí qu le

我们走上去吧。   우리 걸어 올라가요.
Wǒmen zǒu shàngqu ba.

学生们都拿出来了。   학생들이 모두 꺼냈다.
Xuéshengmen dōu ná chūlai le.

	上 shàng 오르다	下 xià 내리다	进 jìn 들어가(오)다	出 chū 나가(오)다	过 guò 지나다, 건너다	回 huí 돌아가(오)다	起 qǐ 일어서다
来 lái 오다	上来 shànglai	下来 xiàlai	进来 jìnlai	出来 chūlai	过来 guòlai	回来 huílai	起来 qǐlai
去 qù 가다	上去 shàngqu	下去 xiàqu	进去 jìnqu	出去 chūqu	过去 guòqu	回去 huíqu	

- 본래의 뜻에서 확장된 방향보어의 파생표현도 있다.

    想起来 xiǎng qǐlai 생각나다 (생각이 떠오르다)   看起来 kàn qǐlai 보아하니
    写出来 xiě chūlai 써 내다

티엔티엔 문형 연습하기

练习

▶ 주어진 문형을 이용하여 다양하게 표현해 보세요.

① 我们进去看看。
Wǒmen jìn qu kànkan.

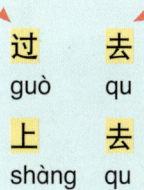

过	去
guò	qu
上	去
shàng	qu

② 他笑着走过来。
Tā xiào zhe zǒu guòlai.

跑	下来
pǎo	xiàlai
拿	出来
ná	chūlai

③ 你拿回去尝尝吧。
Nǐ ná huíqu chángchang ba.

跑过去	看看
pǎo guòqu	kànkan
走进去	等等
zǒu jìnqu	děngdeng

티엔티엔 생각 표현하기

▶ 그림을 보고 이야기해 보세요.

① 美珍 _____。(跑)
　Měizhēn _____. (pǎo)

　民国 _____。(走)
　Mínguó _____. (zǒu)

② 美珍　　小东，你快_____！
　Měizhēn　Xiǎodōng, nǐ kuài _____!

　小东　　好，我马上[1] _____。
　Xiǎodōng　Hǎo, wǒ mǎshàng _____.

③ 美娜　　_____ 还是 _____？(네가 건너 올래, 아니면 내가 건너갈까?)
　Měinà　　_____ háishi _____?

　王明　　_____ 吧。
　Wáng Míng _____ ba.

1 马上 [mǎshàng] 〔부〕 곧, 즉시, 바로

티엔티엔 듣고 표현하기

 听一听

11-06
정답 및 녹음 대본 161p

▶ 녹음을 듣고 내용이 일치하는 그림을 고르세요.

①
A
B

②
A
B

③
A
B

티엔티엔 글로 표현하기

 写一写

 정답 161p

▶ 주어진 단어를 어순에 맞게 배열하세요.

① 进　　看看　　去　　我们
　jìn　 kànkan　 qu　 wǒmen

_____。
우리 들어가서 한번 봅시다.

② 拿　　你们　　吧　　回　　去
　ná　 nǐmen　　ba　 huí　 qu

_____。
너희들 가지고 돌아가.

③ 请客　　今天我　　随便　　你们　　点
　qǐng kè　 jīntiān wǒ　 suíbiàn　 nǐmen　 diǎn

_____,_____,
_____。
오늘은 제가 한턱 낼 테니,
여러분들은 아무거나 주문하세요.

11. 빨리 나갑시다.　121

聊一聊

맛과 조리법 (味道和烹饪法 wèidao hé pēngrènfǎ)

酸 suān 시다

炒 chǎo 볶다

甜 tián 달다

烤 kǎo 굽다

苦 kǔ 쓰다

炸 zhá 튀기다

辣 là 맵다

煮 zhǔ 삶다, 익히다

你听得懂汉语吗?
Nǐ tīng de dǒng Hànyǔ ma?

당신은 중국어를 알아들을 수 있나요?

회화 포인트

병원관련 표현익히기

你哪儿不舒服?
Nǐ nǎr bù shūfu?
어디가 불편하신가요?

我头疼、咳嗽，还有点儿发烧。
Wǒ tóu téng、késou, hái yǒu diǎnr fā shāo.
전 머리가 아프고, 기침이 나고, 또 열이 좀 납니다.

어법 포인트

가능보어 학습하기

你听得懂汉语吗?
Nǐ tīng de dǒng Hànyǔ ma?
당신은 중국어를 알아들을 수 있나요?

饭太多了，我吃不了。
Fàn tài duō le, wǒ chī bu liǎo.
밥이 너무 많아서, 난 다 먹을 수 없어요.

단어

生词

 12-02

脸色	[liǎnsè]	명 안색
全身	[quánshēn]	명 온몸, 전신
劲儿	[jìnr]	명 힘, 기운
得	[děi]	조동 ~해야 한다
放心	[fàng xīn]	동 안심하다, 마음을 놓다
自己	[zìjǐ]	대 자기, 자신
大夫	[dàifu]	명 의사
舒服	[shūfu]	형 편안하다, 상쾌하다
头疼	[tóu téng]	형 머리가 아프다
咳嗽	[késou]	명 동 기침(하다)
发烧	[fā shāo]	동 열이 나다
流感	[liúgǎn]	명 유행성 감기, 독감
开	[kāi]	동 처방하다, 열다, 켜다
药	[yào]	명 약
该	[gāi]	조동 (마땅히) ~해야 한다, ~하는 것이 당연하다
片	[piàn]	양 알, 조각 (편평하고 얇은 모양의 것을 세는 단위)

民国 Mínguó	美娜，你怎么了？脸色看起来不太好。 Měinà, nǐ zěnme le? Liǎnsè kàn qǐlai bú tài hǎo.
美娜 Měinà	全身没有劲儿，我什么都做不了。 Quánshēn méiyǒu jìnr, wǒ shénme dōu zuò bu liǎo.
民国 Mínguó	你得去医院看看，你一个人去得了吗？ Nǐ děi qù yīyuàn kànkan, nǐ yí ge rén qù de liǎo ma?
美娜 Měinà	放心吧。我自己去。 Fàng xīn ba. Wǒ zìjǐ qù.

医生 yīshēng	你听得懂汉语吗？ Nǐ tīng de dǒng Hànyǔ ma?
美娜 Měinà	听得懂，大夫。 Tīng de dǒng, dàifu.
医生 yīshēng	你哪儿不舒服？ Nǐ nǎr bù shūfu?
美娜 Měinà	我头疼、咳嗽，还有点儿发烧。 Wǒ tóu téng, késou, hái yǒu diǎnr fā shāo.

医生	是流感，我给你开点儿药，休息两天就好了。
yīshēng	Shì liúgǎn, wǒ gěi nǐ kāi diǎnr yào, xiūxi liǎng tiān jiù hǎo le.

美娜	这药该怎么吃呢？
Měinà	Zhè yào gāi zěnme chī ne?

医生	一天三次，一次吃两片。
yīshēng	Yì tiān sān cì, yí cì chī liǎng piàn.

티엔티엔 기억하기

어법 1 가능보어

동사 뒤에 쓰여 동작이 어떠한 결과나 상황에 도달할 수 있는지에 대한 가능여부를 보충 설명해주는 보어를 말한다.

① 동작을 통한 결과나 방향의 가능여부를 나타낸다.

동사 + 得 / 不 + 결과보어 / 방향보어

吃 得 完 다 먹을 수 있다
chī de wán

他今天回不来。 그는 오늘 돌아 올 수 없어요.
Tā jīntiān huí bu lái.

② 동작의 실현이니 완료의 가능성 여부를 나타낸다.

동사 + 得 / 不 + 了

去 得 了 갈 수 있다
qù de liǎo

现在太累了，我走不了。 지금 너무 피곤해서 난 걸을 수 없어요.
Xiànzài tài lèi le, wǒ zǒu bu liǎo.

③ 가능보어의 정반의문문은 긍정형식과 부정형식을 병렬한다.

A 你们听得懂听不懂？ 당신들은 알아들을 수 있습니까?
　 Nǐmen tīng de dǒng tīng bu dǒng?

B 我们都听不懂。 우리는 모두 알아들을 수 없습니다.
　 Wǒmen dōu tīng bu dǒng.

어법 2 부사 '就'와 '才'

> 시간(수량사) + 就 jiù ~ : 일의 발생이 이르다
> 시간(수량사) + 才 cái ~ : 일의 발생이 늦다

我妈妈六点就起床了，我十点才起床。
Wǒ māma liù diǎn jiù qǐ chuáng le, wǒ shí diǎn cái qǐ chuáng.
어머니는 6시에 (바로, 벌써) 일어나셨고, 저는 10시가 돼서야 (비로소) 일어났어요.

大姐¹二十岁就结婚了，二姐²四十岁才结婚。
Dàjiě èrshí suì jiù jié hūn le, èrjiě sìshí suì cái jié hūn.
큰누나(언니)는 스무 살에 바로 결혼했고, 둘째 누나(언니)는 마흔이 돼서야 결혼했어요.

 1 大姐 [dàjiě] 명 큰언니(누나)   2 二姐 [èrjiě] 명 둘째 언니(누나)

티엔티엔 문형 연습하기

练习

▶ 주어진 문형을 이용하여 다양하게 표현해 보세요.

① 你一个人去得了吗?
Nǐ yí ge rén qù de liǎo ma?

做	完
zuò	wán
找	到
zhǎo	dào

② A 你听得懂汉语吗?
Nǐ tīng de dǒng Hànyǔ ma?

B 我听不懂。
Wǒ tīng bu dǒng.

买	到	票[1]
mǎi	dào	piào
看	清楚[2]	这个字
kàn	qīngchu	zhè ge zì

③ 她五点就起床了，我十点才起床。
Tā wǔ diǎn jiù qǐ chuáng le, wǒ shí diǎn cái qǐ chuáng.

今天早上	出发[3]	现在	出发
jīntiān zǎoshang	chūfā	xiànzài	chūfā
去年	毕业[4]	今年	毕业
qùnián	bì yè	jīnnián	bì yè

1 票 [piào] 몡 표, 티켓
2 清楚 [qīngchu] 혱 명백하다, 분명하다 / 동사 뒤에 결과보어로 쓰여 '정확하게 ~하다'의 뜻을 나타냄.
3 出发 [chūfā] 동 출발하다, 떠나다
4 毕业 [bì yè] 동 졸업하다

12. 당신은 중국어를 알아들을 수 있나요? 129

티엔티엔 생각 표현하기

▶ 다음 그림을 보고 문장을 완성하세요.

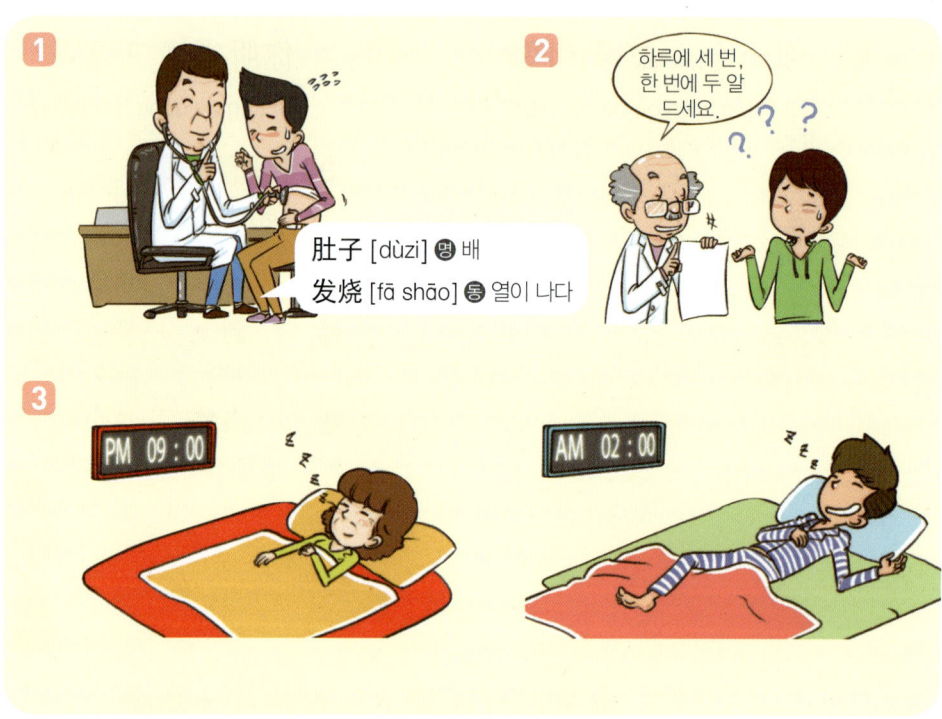

肚子 [dùzi] 명 배
发烧 [fā shāo] 동 열이 나다

① 大夫　你哪儿不舒服？
　dàifu　Nǐ nǎr bù shūfu?

　民国　我 _____ , 还有点儿 _____ 。
　Mínguó　Wǒ _____, hái yǒu diǎnr _____.

② 大夫　一天 _____ , 一次吃 _____ 。
　dàifu　Yì tiān _____, yí cì chī _____.

　大韩　大夫，您说得太快了，_____ 。
　Dàhán　Dàifu, nín shuō de tài kuài le, _____.

③ 妈妈九点 _____ 了，小东 _____ 。（就 / 才 / 睡觉）
　Māma jiǔ diǎn _____ le, Xiǎodōng _____.　（jiù / cái / shuì jiào）

티엔티엔 듣고 표현하기

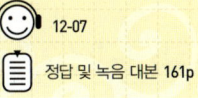

听一听

12-07
정답 및 녹음 대본 161p

▶ 녹음을 듣고 제시된 문장의 옳고 그름을 표시하세요.

① 我一个人去不了。　　　　　　（　　）
　Wǒ yí ge rén qù bu liǎo.

② 我听不懂汉语。　　　　　　　（　　）
　Wǒ tīng bu dǒng Hànyǔ.

③ 这药一天吃三次。　　　　　　（　　）
　Zhè yào yì tiān chī sān cì.

티엔티엔 글로 표현하기

写一写

정답 162p

▶ 주어진 단어를 어순에 맞게 배열하세요.

① 一个人　你　得了　去　吗
　yí ge rén　nǐ　de liǎo　qù　ma

　_____ ?　　당신은 혼자서 갈 수 있나요?
　_____ ?

② 给你　我　点儿　开　药
　gěi nǐ　wǒ　diǎnr　kāi　yào

　_____ 。　제가 당신에게 약을 좀 처방해 드릴게요.
　_____ .

③ 哪儿　不　你　舒服
　nǎr　bù　nǐ　shūfu

　_____ ?　　당신은 어디가 불편하신가요?
　_____ ?

티엔티엔 생각펼치기

聊一聊

  12-08

병원 (医院 yīyuàn)

挂号 접수하다
guà hào

生病 병이 나다
shēng bìng

受伤 부상당하다
shòu shāng

发冷 오한이 나다
fā lěng

想吐 메스껍다
xiǎng tù

拉肚子 배탈나다
lā dùzi

流鼻涕 콧물이 나다
liú bítì

头晕 어지럽다
tóu yūn

看病 진료하다(받다)
kàn bìng

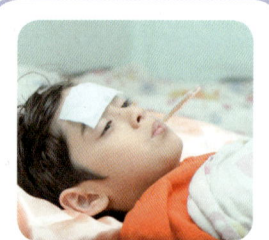

量体温 체온을 재다
liáng tǐwēn

打针 주사를 놓다(맞다)
dǎ zhēn

UNIT 13

请把门关上吧。
Qǐng bǎ mén guānshang ba.

문을 닫아주세요.

13-01

회화 포인트

이별 및 공항 표현 익히기

飞机十一点起飞。
Fēijī shí yī diǎn qǐfēi.
비행기는 11시에 이륙합니다.

어법 포인트

'把'자문 학습하기

你把门关上吧。
Nǐ bǎ mén guān shang ba.
당신은 문을 닫으세요.

'除了~以外' 학습하기

除了他以外，别的同学都来了。
Chú le tā yǐwài, biéde tóngxué dōu lái le.
그를 제외하고, 다른 학우들은 모두 왔습니다.

단어

生词

前一天	[qián yì tiān]	명	전날
把	[bǎ]	전	목적어와 결합하여 목적어를 동사 앞으로 전치시키는 역할을 한다
上	[shang]	동	합치다, 닫히다 * 上은 '위, 오르다'의 뜻 외에도 동사 뒤에 보어로 쓰여 '합치다, 닫히다'의 의미를 강조한다
聚会	[jùhuì]	명	모임, 회합
参加	[cānjiā]	동	참가하다
除了~(以外)	[chúle ~ (yǐwài)]	접	~을 제외하고, ~이외에도
跳舞	[tiào wǔ]	동	춤을 추다
可惜	[kěxī]	형	아쉽다, 아깝다, 섭섭하다
机场	[jīchǎng]	명	공항
飞机	[fēijī]	명	비행기
起飞	[qǐfēi]	동	이륙하다
护照	[hùzhào]	명	여권
忘	[wàng]	동	잊다

 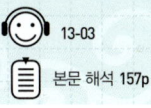

(回国的前一天)
(huí guó de qián yì tiān)

民国 美珍，这是你的中韩词典，谢谢。
Mínguó　　Měizhēn, zhè shì nǐ de Zhōng Hán cídiǎn, xièxie.

美珍 美娜还在睡觉，你把门关上吧。
Měizhēn　　Měinà hái zài shuì jiào, nǐ bǎ mén guān shang ba.

民国 好的。昨天的聚会同学们都参加了吗？
Mínguó　　Hǎo de. Zuótiān de jùhuì tóngxuémen dōu cānjiā le ma?

美珍 除了你以外，别的同学都参加了。
Měizhēn　　Chúle nǐ yǐwài, biéde tóngxué dōu cānjiā le.

　　大家一起唱歌、跳舞，非常有意思。
　　Dàjiā yìqǐ chàng gē、tiào wǔ, fēicháng yǒu yìsi.

民国 是吗？太可惜了。
Mínguó Shì ma? Tài kěxī le.

对了，我们明天几点去机场？
Duì le, wǒmen míngtiān jǐ diǎn qù jīchǎng?

美珍 飞机十一点起飞。早上八点我们在宿舍
Měizhēn Fēijī shí yī diǎn qǐfēi. Zǎoshang bā diǎn wǒmen zài sùshè

门口见吧。你别把护照忘了！
ménkǒu jiàn ba. Nǐ bié bǎ hùzhào wàng le!

티엔티엔 기억하기

어법 1 '把'자문(처치문)

동사가 나타내는 동작이 '把 bǎ'가 이끄는 대상에 영향을 줌으로써 어떠한 결과, 변화, 영향을 일으키거나, 어떠한 상태에 처하게 만들었음을 강조하는 문장을 말한다.

___주어___ + ___把___ + ___목적어___ + ___동사___ + ___기타성분___

[영향을 끼치는 주체] [영향을 받는 대상] [구체적인 영향이나 결과]

我   把   那本书   看   完了
Wǒ   bǎ   nà běn shū   kàn   wán le

나는 그 책을 다 읽었습니다

['把'자문의 특징]

我把这本书看了两遍[1]。
Wǒ bǎ zhè běn shū kàn le liǎng biàn.
[화자나 청자가 모두 알고 있는 특정한 대상]
나는 이 책을 두 번 읽었습니다.

他把那杯咖啡喝完了。
Tā bǎ nà bēi kāfēi hē wán le.
[술어 + 기타성분(동사중첩, 보어, 목적어, 了 등)]
그는 그 커피를 다 마셨습니다.

他没把那杯咖啡喝完。
Tā méi bǎ nà bēi kāfēi hē wán.
[부정부사(不, 没), 시간사, 조동사 + 把]
그는 그 커피를 다 마시지 않았습니다.

 13-04

 1 遍 [biàn] 양 번, 차례

어법 2 '除了~以外'

① **'~을 제외하고'** – 배제, 제외

[除了~以外，都~]

> 除了他以外，别的同事[1]都来了。
> Chúle tā yǐwài, biéde tóngshì dōu lái le.
> 그를 제외하고, 다른 동료들은 모두 왔습니다.

② **'~이외에'** – 첨가, 포함

[除了~以外，还/也~]

> 除了英语以外，我还会说汉语。
> Chúle Yīngyǔ yǐwài, wǒ hái huì shuō Hànyǔ.
> 영어 이외에도, 나는 중국어를 할 줄 압니다.

 13-04

1 同事 [tóngshì] 명 동료

티엔티엔 문형 연습하기

练习

🎧 13-05

▶ 주어진 문형을 이용하여 다양하게 표현해 보세요.

① 请把门关上。
Qǐng bǎ mén guān shang.

课文	读 一读[1]
kèwén	dú yi dú
衣服	穿上
yīfu	chuān shang

② 我把那杯咖啡喝完了。
Wǒ bǎ nà bēi kāfēi hē wán le.

我	这部[2] 电影	看了两遍
Wǒ	zhè bù diànyǐng	kàn le liǎng biàn
你	五百块钱	拿走吧
Nǐ	wǔbǎi kuài qián	ná zǒu ba

③ 除了他以外，别的同学都来了。
Chúle tā yǐwài, biéde tóngxué dōu lái le.

小东	去过香港[3]
Xiǎodōng	qù guo Xiānggǎng

除了汉语以外，我还会说日语[4]。
Chúle Hànyǔ yǐwài, wǒ hái huì shuō Rìyǔ.

足球	喜欢篮球[5]
zúqiú	xǐhuan lánqiú

1 读 [dú] 동 읽다
2 部 [bù] 양 편 (영화를 세는 단위)
3 香港 [Xiānggǎng] 고유 홍콩
4 日语 [Rìyǔ] 명 일본어
5 篮球 [lánqiú] 명 농구

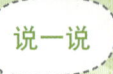

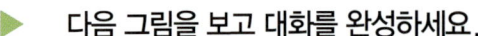

다음 그림을 보고 대화를 완성하세요.

① A 你把护照带来了吗?
　　 Nǐ bǎ hùzhào dàilai le ma?

　 B 我 _____ 。
　　 Wǒ _____.

② 外边太冷了，你把 _____ 。（大衣[1]）
　 Wàibian tài lěng le, nǐ bǎ _____. (dàyī)

③ A 他们都是韩国人吗?
　　 Tāmen dōu shì Hánguórén ma?

　 B 除了 _____ 以外，_____ 。
　　 Chúle _____ yǐwài, _____.

[1] 大衣 [dàyī] 명 외투

티엔티엔 듣고 표현하기

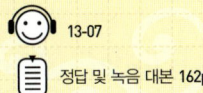

▶ 녹음을 듣고 제시된 문장의 옳고 그름을 표시하세요.

1. 飞机十点起飞。　　　　　　　　(　　)
   Fēijī shí diǎn qǐfēi.

2. 大韩也来了。　　　　　　　　　(　　)
   Dàhán yě lái le.

3. 他没带来护照。　　　　　　　　(　　)
   Tā méi dài lai hùzhào.

티엔티엔 글로 표현하기

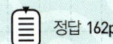

▶ 주어진 단어를 어순에 맞게 배열하세요.

1. 把　　门　　请　　关上
   bǎ　　mén　　qǐng　　guān shang

   _____。 문을 닫아 주세요.

2. 别　　护照　　你　　把　　忘了
   bié　　hùzhào　　nǐ　　bǎ　　wàng le

   _____！ 당신은 여권을 잊어버리지 마세요!

3. 你　　除了　　以外　　同学　　别的　　参加了　　都
   nǐ　　chúle　　yǐwài　　tóngxué　　biéde　　cānjiā le　　dōu

   _____，_____。

   당신을 제외하고, 다른 학우들은 모두 참가했습니다.

티엔티엔 생각펼치기

聊一聊

공항에서 (在机场 zài jīchǎng)

换钱，兑换 환전(하다)
huàn qián, duìhuàn

签证 qiānzhèng 비자(visa)
机票 jīpiào 비행기표

接 jiē 마중하다
送 sòng 배웅하다

托运 (짐을) 탁송하다
tuōyùn

登机 dēng jī 비행기에 탑승하다
登机口 dēngjīkǒu 탑승게이트

空中小姐(空姐) (비행기의) 여승무원
kōngzhōng xiǎojiě
安全带 ānquándài 안전벨트
系安全带 jì ānquándài 안전벨트를 매다

UNIT 14

祝你们工作顺利!
Zhù nǐmen gōngzuò shùnlì!

하시는 일이 순조롭길 바랍니다!

14-01

회화 포인트

분실 및 이별관련 표현 익히기

大家都忘不了在中国的
Dàjiā dōu wàng bu liǎo zài Zhōngguó de
生活。
shēnghuó.
모두들 중국에서의 생활을 잊을 수 없을 겁니다.

어법 포인트

피동문 학습하기

钱包被小偷偷走了。
Qiánbāo bèi xiǎotōu tōu zǒu le.
지갑을 도둑에게 도둑맞았어요.

단어

生词

被	[bèi]	전 ~에게 ~을 당하다
小偷	[xiǎotōu]	명 도둑
偷	[tōu]	동 훔치다
办	[bàn]	동 처리하다, 하다
着急	[zháo jí]	동 조급하다, 초조해하다
信用卡	[xìnyòngkǎ]	명 신용카드
公安局	[gōng'ānjú]	명 공안국, 경찰국
警察	[jǐngchá]	명 경찰
东西	[dōngxi]	명 사물, 물건, 것
真的	[zhēnde]	부 정말로, 참으로
过	[guò]	동 지내다, 보내다
虽然	[suīrán]	접 비록 ~하지만
生活	[shēnghuó]	명 생활 동 생활하다
进步	[jìnbù]	명 진보(진전) 동 진보하다(발전하다)
顺利	[shùnlì]	형 순조롭다

大韩 Dàhán	哎呦，我的包好像被小偷偷走了。 Āiyōu, wǒ de bāo hǎoxiàng bèi xiǎotōu tōu zǒu le. 钱包、信用卡，还有护照都在包里。怎么办？ Qiánbāo、xìnyòngkǎ, hái yǒu hùzhào dōu zài bāo li. Zěnmebàn?
美珍 Měizhēn	你别着急，我们先去公安局问问吧。 Nǐ bié zháo jí, wǒmen xiān qù gōng'ānjú wènwen ba.

(警察让大韩来公安局)
(jǐngchá ràng Dàhán lái gōng'ānjú)

警察 jǐngchá	您是金大韩吗？这是不是你的包？ Nín shì Jīn Dàhán ma? Zhè shì bu shì nǐ de bāo?
大韩 Dàhán	啊！我的包！东西都在包里， À! Wǒ de bāo! Dōngxi dōu zài bāo li, 真的谢谢你们！ zhēnde xièxie nǐmen!

时间过得真快，虽然时间不长，但是大家都
Shíjiān guò de zhēn kuài, suīrán shíjiān bù cháng, dànshì dàjiā dōu

忘不了在中国的生活。
wàng bu liǎo zài Zhōngguó de shēnghuó.

祝大家学习进步，工作顺利！
Zhù dàjiā xuéxí jìnbù, gōngzuò shùnlì!

 语法

티엔티엔 기억하기

 어법 1

'被'자문(피동문)

전치사 '被 bèi'를 이용하여 피동의 의미를 나타내는 문장을 '被자문'이라고 말한다.

주어 + 被 bèi + 목적어 + 동사 + 기타성분
[동작의 대상]　　　　　[동작의 주체]

钱包　　被　　小偷　　偷　　走了
Qiánbāo　bèi　xiǎotōu　tōu　zǒu le

지갑은 도둑에게 도둑맞았습니다

我的自行车[1]被他骑走了。　내 자전거는 그가 타고 갔습니다.
Wǒ de zìxíngchē bèi tā qí zǒu le.

他被公司开除[2]了。　그는 회사에서 해고당했습니다.
Tā bèi gōngsī kāichú le.

['被'자문의 특징]

我被她甩[3]了。　　　　　　[술어 + 了, 过, 각종 보어 등]
Wǒ bèi tā shuǎi le.　　　　　나는 그녀에게 차였습니다.

钱包被(小偷)偷走了。　　　[被 뒤에 목적어는 생략 가능]
Qiánbāo bèi (xiǎotōu) tōu zǒu le.　지갑은 (도둑에게) 도둑맞았습니다.

我从来[4]没被(人)骗[5]过。　　[부정부사, 시간사, 조동사 + 被]
Wǒ cónglái méi bèi (rén) piàn guo.　나는 지금까지 속은 적이 없습니다.

 14-04

1 自行车 [zìxíngchē] 명 자전거
2 开除 [kāichú] 동 해고하다
3 甩 [shuǎi] 동 차다(연인관계에서), 내던지다, 떼어내다
4 从来 [cónglái] 부 (과거부터) 지금까지
5 骗 [piàn] 동 속이다

어법 2 '虽然 ~, 但是(可是, 不过) ~'

접속사 '虽然 suīrán'은 뒤 절에 전환을 나타내는 '但是 dànshì, 可是 kěshì, 不过 búguò' 등과 결합하여 '비록 ~이지만, 그러나 ~이다'의 의미를 나타낸다.

> **虽然**我很喜欢中国，**但是**不会说汉语。
> Suīrán wǒ hěn xǐhuan Zhōngguó, dànshì bú huì shuō Hànyǔ.
> 비록 나는 중국을 좋아하지만, 중국어를 할 줄 모릅니다.
>
> **虽然**汉语很难，**可是**很有意思。
> Suīrán Hànyǔ hěn nán, kěshì hěn yǒu yìsi.
> 비록 중국어는 어렵지만, 그러나 재미있습니다.

티엔티엔 문형 연습하기

▶ 주어진 문형을 이용하여 다양하게 표현해 보세요.

1 他被骗了。
Tā bèi piàn le.

打² dǎ
批评³ pīpíng

2 包被小偷偷走了。
Bāo bèi xiǎotōu tōu zǒu le.

手机 Shǒujī　　人 rén　　拿走 ná zǒu
我的词典 Wǒ de cídiǎn　　美珍 Měizhēn　　借⁴走 jiè zǒu

3 虽然没有时间，但是我们都参加了。
Suīrán méiyǒu shíjiān, dànshì wǒmen dōu cānjiā le.

作业⁵很多 zuòyè hěn duō　　都做好了 dōu zuò hǎo le
下雨⁶ xià yǔ　　还要去爬山⁷ hái yào qù pá shān

---

1 骗 [piàn] 동 속이다
2 打 [dǎ] 동 때리다
3 批评 [pīpíng] 동 꾸짖다, 나무라다
4 借 [jiè] 동 빌리다, 빌려주다
5 作业 [zuòyè] 명 숙제
6 下雨 [xià yǔ] 동 비가 내리다
7 爬山 [pá shān] 동 등산하다

티엔티엔 생각 표현하기

说一说

🎧 14-06

▶ 다음 그림을 보고 문장을 완성하세요.

1. A 怎么了?
   Zěnme le ?

   B 手机 _____。
   Shǒujī _____.

2. 小东的自行车 _____。
   Xiǎodōng de zìxíngchē _____.

3. A 汉语难不难?
   Hànyǔ nán bu nán?

   B 虽然 _____, 但是 _____。 (비록 어렵지만 매우 재미있습니다.)
   Suīrán _____, dànshì _____.

티엔티엔 듣고 표현하기

听一听

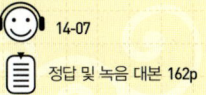

▶ 녹음을 듣고 제시된 문장의 옳고 그름을 표시하세요.

① 我的词典被民国借走了。　　　　（　　）
　Wǒ de cídiǎn bèi Mínguó jiè zǒu le.

② 妈妈批评我了。　　　　　　　　（　　）
　Māma pīpíng wǒ le.

③ 他有很多中国朋友。　　　　　　（　　）
　Tā yǒu hěn duō Zhōngguó péngyou.

티엔티엔 글로 표현하기

写一写

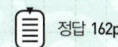

▶ 주어진 단어를 어순에 맞게 배열하세요.

① 小偷　　被　　我的包　　偷走了
　xiǎotōu　bèi　wǒ de bāo　tōu zǒu le

　_____。　내 가방을 도둑에게 도둑맞았어요.

② 过　　时间　　得　　快　　真
　guò　shíjiān　de　kuài　zhēn

　_____。　시간이 정말 빠르게 지나갔네요.

③ 顺利　　工作　　祝　　大家
　shùnlì　gōngzuò　zhù　dàjiā

　_____！　일이 순조롭게 잘 되시길 바랍니다!

티엔티엔 생각펼치기

聊一聊

축원의 표현 (祝愿词 zhùyuàncí)

心想事成！ 바라는 일이 이루어지길 바라요!
Xīn xiǎng shì chéng!

合家欢乐！ 온 가족이 즐겁길 바랍니다!
Héjiā huānlè!

祝你身体健康，万事如意！
Zhù nǐ shēntǐ jiànkāng, wànshì rúyì!
건강하시고, 모든 일이 뜻대로 이루어지길 빌어요!

祝你早日康复！ 당신의 쾌유를 빕니다!
Zhù nǐ zǎorì kāngfù!

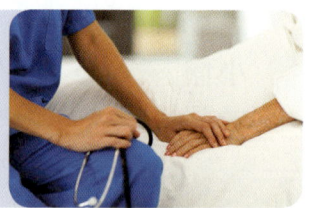

祝你幸福快乐！ 행복하시길 바라요!
Zhù nǐ xìngfú kuàilè!

百年好合！ 평생 행복하게 사세요! (결혼 축하)
Bǎinián hǎo hé!

본문 해석
정답 및
녹음 대본

본문(课文) 해석

Chapter 3

UNIT 01 나는 책을 보는 중입니다.

(민국이가 피터에게 전화를 건다.)

피터 여보세요, 안녕하세요.
민국 여보세요, 피터 좀 바꿔주세요.
피터 바로 저예요, 누구세요?
민국 민국이에요. 지금 뭐 하고 있어요?
피터 영화를 보고 있어요. 당신은요?
민국 저는 차를 마시면서, 책을 보고 있어요. 내일 개학인데, 우리 같이 학교에 가요.
피터 좋아요. 어디서 만날까요?
민국 아침 8시에 학교 입구에서 만나요.
피터 좋아요. 내일 거기서 봐요.

UNIT 02 식사하셨어요?

민국 피터, 아침 먹었어요?
피터 아직 안 먹었어요, 좀 배고파요.
민국 여기, 제가 햄버거 두 개를 이미 샀어요. 우리 먼저 먹고, 그런 다음 수업하러 가요.
피터 헤헤, 당신은 정말 꼼꼼하군요.
민국 어제 책은 봤어요?
피터 봤어요, 제 생각에는 본문이 그렇게 어렵진 않은 것 같아요.
민국 그래요? 그거 참 다행이에요.
피터 아이고, 펜을 안 가져왔네요, 당신 펜 있어요?
민국 있어요, 아주 많이 가져왔어요.

UNIT 03 그녀는 남자친구가 생겼어요.

왕리 민국, 요즘 더 멋있어졌어요, 무슨 좋은 일 있어요?
민국 음… 마음에 드는 사람이 생겼어요.
왕리 누구요? 내가 아는 사람인가요?
민국 당연하죠. 그녀도 우리 반 친구예요. 예쁘고 또 똑똑해요.
왕리 미진인가요 아니면 미나인가요?
민국 둘 다 아니에요, 일본인 요시꼬예요.
왕리 그런데… 듣자하니 그녀는 남자친구가 있다던데, 곧 결혼한데요.
민국 그래요? 정말 유감이네요!
왕리 슬퍼하지 마세요, 나중에 제가 더 좋은 사람 소개 시켜줄게요. 괜찮죠?

UNIT 04 편의점은 어디에 있나요?

미진 실례합니다, 여기 근처에 슈퍼가 있나요?
행인 이 근처에 슈퍼는 없어요, 편의점만 있어요.
미진 편의점은 어디에 있나요?
행인 바로 스타벅스 옆입니다.
미진 어떻게 갑니까?
행인 여기서부터 곧장 앞으로 가서, 그런 후에 오른쪽으로 꺾으면 바로입니다.
미진 감사합니다!

　북경대학은 큽니다. 학교 안에는 서점, 커피숍과 공원이 있습니다. 커피숍은 서점의 서쪽에 있고, 공원은 서점의 북쪽에 있습니다. 나는 자주 공원에 가서 쉽니다.

UNIT 05 나는 테니스를 잘 칩니다.

피터 민국, 당신은 어떤 취미가 있어요?
민국 전 축구를 좋아해요. 당신도 할 줄 알아요?
피터 할 줄 알기는 아는데, 잘 하지는 못해요. 당신은 또 어떤 운동을 좋아해요?
민국 테니스, 농구, 스키 다 좋아해요.
피터 당신은 테니스 잘 쳐요?
민국 전 잘 치는 편이에요, 당신은요?
피터 나도 잘 쳐요.
민국 다음에 우리 시합 한번 해 봐요.

UNIT 06 당신은 상하이에 가본 적이 있나요?

왕리 이번 국경절에 당신은 어디에 가려고 해요?
민국 저는 상하이에 가려고 해요. 당신은 상하이에 가봤어요?
왕리 나는 한 번 가봤어요.
민국 언제 가봤던 거죠?
왕리 작년에 갔었어요. 매우 재미있었죠.
민국 그럼 분명 와이탄에도 가봤겠네요?
왕리 당연하죠. 나는 와이탄에서 유람선도 타봤어요.

UNIT 07 문이 열려있고, 창문도 열려있습니다.

우리의 교실

　여기는 민국이와 미진이의 교실입니다. 아주 큰 교실 안에는 많은 책상과 의자가 놓여져 있고, 벽에는 세계지도까지 걸려져 있습니다.

　문은 열려있고 창문도 열려 있습니다. 수업을 할 때, 선생님은 서서 수업을 하시고, 학생들은 앉아서 수업을 듣습니다.

　쉴 때, 미진이는 웃으며 이야기를 나누고, 민국이는 음악을 들으면서 잡지를 봅니다. 교실 안의 학생들은 모두 매우 즐거워합니다.

Chapter 4

UNIT 08 나는 한 시간 동안 TV를 봤습니다.

엄마 샤오둥, 너 어제 얼마 동안 TV를 보았니?
샤오둥 저는 어제 3시간 동안 TV를 보았어요.
엄마 그럼 너 공부는 얼마 동안 했니?
샤오둥 어제 공부 안 했어요. 그러나 금방 공부 시작할 거예요.
엄마 ……………….

선생님 너는 매일 얼마나 중국어를 공부하니?
피터 저는 매일 5시간 동안 중국어를 공부해요.
선생님 어쩐지 중국어를 그렇게 유창하게 한다 했어.
피터 감사합니다! 중국어는 배우면 배울수록 재미있는 것 같아요.

UNIT 09 시험은 다 끝났습니까?

미나 시험은 다 끝났어요?
대한 드디어 다 끝났어요. 우리랑 같이 영화 보러 가요.
미나 미안해요, 난 아직 리포트를 다 못 썼어요. 당신들끼리 가서 봐요.
민국 우리가 당신 자료 찾는 것 도와줄게요, 어때요?
미나 자료는 모두 찾았어요, 다만 내 중국어 실력이 그다지 좋지 않아 대부분 이해할 수가 없어요.
대한 너무 걱정 마요, 제가 샤오둥에게 도와주라고 할게요.

UNIT 10 상하이는 베이징보다 더 번화합니다.

미나 듣자하니 상하이가 베이징보다 더 번화하다던데, 그렇죠?
왕밍 네. 상하이는 상업도시라서, 베이징보다 훨씬 번화해요.
민국 상하이의 날씨는 어때요?
왕밍 여름은 베이징보다 조금 더워요, 하지만 겨울은 베이징보다 이렇게 춥지는 않아요.
미나 난 베이징의 가을을 가장 좋아해요. 춥지도 덥지도 않고, 너무 시원해요.
왕밍 가을에는 또 신선한 과일도 많고, 게다가 풍경도 굉장히 아름다워요.

UNIT 11 빨리 나갑시다.

왕밍 여기 음식점이 있는데 우리 들어가 봐요.
미나 사람이 어쩜 이렇게 많지, 자리가 없을 것 같아요.
종업원 올라가세요, 위층에 자리 있어요.

종업원 주문하세요, 메뉴는 여기 있습니다.
왕밍 오늘은 내가 한턱 낼 테니 아무거나 시켜요.
민국 예전에 '꿍빠오지딩'과 '위샹로우쓰'를 먹어봤는데 정말 맛있었어요.

민국 이것은 내가 상하이에서 산 간식거리예요. 가져가서 맛 좀 봐봐요.
왕밍 너무 고마워요! 정말 맛있어 보여요.
미진 아, 여기 곧 문 닫으려나 봐요, 빨리 나가요.
미나 여기요(종업원), 계산할게요.

UNIT 12 당신은 중국어를 알아들을 수 있나요?

민국 　미나, 왜 그래요? 안색이 안 좋아 보여요.
미나 　온 몸에 힘이 없고, 아무것도 할 수가 없어요.
민국 　병원에 가서 진찰을 받아야 할 것 같은데, 당신 혼자 갈 수 있겠어요?
미나 　걱정마요. 혼자 갈게요.

의사 　중국어를 알아들을 수 있나요?
미나 　네, 의사 선생님.
의사 　어디가 불편하신가요?
미나 　머리가 아프고, 기침도 나고, 게다가 약간 열도 나요.
의사 　독감이네요. 약을 처방해 드릴게요. 이틀 정도 쉬시면 바로 좋아지실 거예요.
미나 　이 약은 어떻게 먹어야 하나요?
의사 　하루 세 번, 한 번에 두 알씩 드시면 됩니다.

UNIT 13 문을 닫아 주세요.

(귀국 하루 전날)

민국 　미진, 이건 당신의 중한사전이에요, 고마워요.
미진 　미나가 아직 자고 있어요. 문을 좀 닫아줘요.
민국 　알았어요. 어제 모임에 친구들은 모두 참석했어요?
미진 　당신을 제외하고 다른 친구들은 모두 참석했어요. 모두들 함께 노래를 부르고, 춤도 추고, 정말 재미있었어요.
민국 　그래요? 정말 아쉽네요.
　　　아참, 우리 내일 몇 시에 공항에 갈 거예요?
미진 　비행기가 11시에 출발해요. 아침 8시에 우리 기숙사 입구에서 만나요. 여권 챙기는 것 잊지 마세요!

UNIT 14 하시는 일이 순조롭길 바랍니다!

대한 　아이고, 내 가방을 도둑맞은 것 같아요.
　　　지갑, 신용카드, 게다가 여권까지 다 가방 안에 있는데, 어떡하죠?
미진 　조급해 하지 마요, 일단 경찰서에 가서 알아봐요.

(경찰이 대한이를 경찰서에 오라고 함)

경찰 　당신이 김대한입니까? 이것이 당신 가방인가요?
대한 　아! 내 가방! 물건이 모두 가방 안에 있네요, 정말 감사합니다!

　　　시간이 참 빨리 지나갔습니다, 비록 시간은 길지 않았지만, 모두들 중국에서의 생활을 잊을 수 없을 것입니다.
　　　학업에 발전이 있고, 하는 일이 순조롭기를 빕니다!

＊ 매 unit의 티엔티엔 생각 표현하기의 정답은 파고다 북스 홈페이지(www.pagodabook.com)에서 다운로드 하실 수 있습니다.

정답 및 녹음 대본

Chapter 3

UNIT 01 나는 책을 보는 중입니다.

티엔티엔 듣고 표현하기 听一听 / 듣기

① A: 你在做什么?
　 B: 我在一边喝茶, 一边看书。
② A: 我们在哪儿见?
　 B: 我们早上八点在学校门口见。
③ A: 小东呢?
　 B: 他在打电话呢。

① X　② O　③ O

티엔티엔 글로 표현하기 写一写 / 쓰기

① 她一边喝茶, 一边看电视。
　 Tā yìbiān hē chá, yìbiān kàn diànshì.
② 你在干什么呢?
　 Nǐ zài gàn shénme ne?
③ 早上八点在学校门口见吧。
　 Zǎoshang bā diǎn zài xuéxiào ménkǒu jiàn ba.

UNIT 02 식사하셨어요?

티엔티엔 듣고 표현하기 听一听 / 듣기

① A: 他吃早饭了吗?
　 B: 他已经吃了。
② A: 你工作忙吗?
　 B: 我工作很忙, 有点儿累。
③ A: 哎呀, 我没带笔, 谁有笔呢?
　 B: 小东带了很多笔。

① X　② O　③ X

티엔티엔 글로 표현하기 写一写 / 쓰기

① 我已经买了两个汉堡包。
　 Wǒ yǐjing mǎi le liǎng ge hànbǎobāo.
② 我们先吃饭, 然后去上课吧。
　 Wǒmen xiān chī fàn, ránhòu qù shàng kè ba.
③ 还没吃呢, 我有点儿饿。
　 Hái méi chī ne, wǒ yǒu diǎnr è.

UNIT 03 그녀는 남자친구가 생겼어요.

티엔티엔 듣고 표현하기 听一听 / 듣기

① 民国有日本朋友了, 她又聪明又可爱。
② 听说王丽有男朋友了, 快要结婚了。
③ A: 彼得是美国人还是英国人?
　 B: 他是美国人, 他非常帅。

① 民国　　日本朋友　　聪明
② 王丽　　男朋友　　　结婚
③ 彼得　　美国人　　　帅

티엔티엔 글로 표현하기 　写一写　　쓰기

① 她是美珍还是美娜?
Tā shì Měizhēn háishi Měinà?

② 最近你更帅了。
Zuìjìn nǐ gèng shuài le.

③ 她快要结婚了。
Tā kuàiyào jié hūn le.

UNIT 04 편의점은 어디에 있나요?

티엔티엔 듣고 표현하기 　听一听　　듣기

① 便利店就在公司旁边。
② 医院东边是星巴克。
③ 学校附近有银行。

① B　　② A　　③ B

티엔티엔 글로 표현하기 　写一写　　쓰기

① 从这儿一直往前走。
Cóng zhèr yìzhí wǎng qián zǒu.

② 这儿附近没有超市，只有便利店。
Zhèr fùjìn méiyǒu chāoshì, zhǐ yǒu biànlìdiàn.

③ 咖啡厅在书店西边。
Kāfēitīng zài shūdiàn xībian.

UNIT 05 나는 테니스를 잘 칩니다.

티엔티엔 듣고 표현하기 　听一听　　듣기

① A: 你喜欢什么运动?
　 B: 网球、足球、篮球我都喜欢。
② A: 你会打网球吗?
　 B: 我不会打网球，我会打篮球。
③ A: 你滑雪滑得怎么样?
　 B: 会是会，可是滑得不太好。

① O　　② X　　③ X

티엔티엔 글로 표현하기 　写一写　　쓰기

① 你打网球打得怎么样?
Nǐ dǎ wǎngqiú dǎ de zěnmeyàng?

② 会是会，可是踢得不太好。
Huì shì huì, kěshì tī de bú tài hǎo.

③ 下次咱们比一比吧。
Xià cì zánmen bǐ yi bǐ ba.

UNIT 06 당신은 상하이에 가본 적이 있나요?

티엔티엔 듣고 표현하기 　听一听　　듣기

① A: 我要去中国，你去过中国吗?
　 B: 我没去过，我很想去。
② A: 美珍，你看过这本书吗?
　 B: 我已经看了，很有意思。
③ A: 听说你去过上海，你是什么时候去的?
　 B: 我是去年去的。

① X　　② O　　③ O

티엔티엔 글로 표현하기 写一写 쓰기

① 你是什么时候去的?
Nǐ shì shénme shíhou qù de?

② 这次国庆节你要去哪儿?
Zhè cì Guóqìngjié nǐ yào qù nǎr?

③ 我还坐过游船呢。
Wǒ hái zuò guo yóuchuán ne.

UNIT 07 문이 열려있고, 창문도 열려있습니다.

티엔티엔 듣고 표현하기 听一听 듣기

① 这是民国的教室，墙上挂着世界地图。
② 他个子高高的。
③ A: 小东在做什么呢?
   B: 他听着音乐看书。

① A ② B ③ A

티엔티엔 글로 표현하기 写一写 쓰기

① 教室里放着很多桌子和椅子。
Jiàoshì li fàng zhe hěn duō zhuōzi hé yǐzi.

② 民国听着音乐看杂志。
Mínguó tīng zhe yīnyuè kàn zázhì.

③ 教室里的同学们都开开心心的。
Jiàoshì li de tóngxuémen dōu kāikaixīnxīn de.

Chapter 4

UNIT 08 나는 한 시간 동안 TV를 봤습니다.

티엔티엔 듣고 표현하기 听一听 듣기

① A: 你学了多长时间汉语?
   B: 我学了三个月。
② A: 你玩了多长时间电脑?
   B: 我玩了一个小时。
③ A: 小东每天学习五个小时的汉语。
   B: 怪不得他汉语说得很流利。

① X ② O ③ X

티엔티엔 글로 표현하기 写一写 쓰기

① 你昨天看了多长时间电视?
Nǐ zuótiān kàn le duō cháng shíjiān diànshì?

② 我马上就开始学习。
Wǒ mǎshàng jiù kāishǐ xuéxí.

③ 汉语越学越有意思。
Hànyǔ yuè xué yuè yǒu yìsi.

UNIT 09 시험은 다 끝났습니까?

티엔티엔 듣고 표현하기 听一听 듣기

① A: 你们考完了吗?
   B: 我们终于考完了。
② A: 大韩，资料都找到了吗?
   B: 找到了，但是我的汉语水平不太好，

大部分都没看懂。
③ A: 我还没写好报告，怎么办？
B: 别担心，我让小东帮帮你吧。

① X　　② X　　③ X

티엔티엔 글로 표현하기　写一写　쓰기

① 我还没写完报告。
Wǒ hái méi xiě wán bàogào.

② 我让小东帮帮你吧。
Wǒ ràng Xiǎodōng bāngbang nǐ ba.

③ 大部分都没看懂。
Dàbùfen dōu méi kàn dǒng.

UNIT 10 상하이는 베이징보다 더 번화합니다.

티엔티엔 듣고 표현하기　听一听　듣기

① A: 听说上海比北京还热闹，是不是？
B: 是啊。上海是一个商业城市。

② A: 上海的天气怎么样？
B: 夏天比北京热。

③ A: 北京的秋天怎么样？
B: 不冷也不热，很凉快，而且风景也美极了。

① O　　② X　　③ O

티엔티엔 글로 표현하기　写一写　쓰기

① 听说上海比北京还热闹。
Tīngshuō Shànghǎi bǐ Běijīng hái rènao.

② 冬天没有北京这么冷。
Dōngtiān méiyǒu Běijīng zhème lěng.

③ 我最喜欢北京的秋天。
Wǒ zuì xǐhuan Běijīng de qiūtiān.

UNIT 11 빨리 나갑시다.

티엔티엔 듣고 표현하기　听一听　듣기

① 爸爸跑出来了。
② 妈妈走上去了。
③ 弟弟跑下来了。

① B　　② A　　③ B

티엔티엔 글로 표현하기　写一写　쓰기

① 我们进去看看。
Wǒmen jìn qu kànkan.

② 你们拿回去吧。
Nǐmen ná huíqu ba.

③ 今天我请客，你们随便点。
Jīntiān wǒ qǐng kè, nǐmen suíbiàn diǎn.

UNIT 12 당신은 중국어를 알아들을 수 있나요？

티엔티엔 듣고 표현하기　听一听　듣기

① A: 你一个人去得了吗？
B: 放心吧，我自己去。

② A: 你听得懂汉语吗？
B: 听得懂，不过英语我听不懂。

③ A: 这药该怎么吃呢？
B: 一天三次，一次吃两片。

① X　　② X　　③ O

티엔티엔 글로 표현하기 　写一写　　쓰기

① 你一个人去得了吗?
　 Nǐ yí ge rén qù de liǎo ma?

② 我给你开点儿药。
　 Wǒ gěi nǐ kāi diǎnr yào.

③ 你哪儿不舒服?
　 Nǐ nǎr bù shūfu?

UNIT 13 문을 닫아 주세요.

티엔티엔 듣고 표현하기 　听一听　　듣기

😊 ① A: 几点的飞机?
　　　B: 早上十点的飞机。

② 除了大韩以外，别的朋友都来了。

③ 他把护照带来了。

① O　　② X　　③ X

티엔티엔 글로 표현하기 　写一写　　쓰기

① 请把门关上。
　 Qǐng bǎ mén guānshang.

② 你别把护照忘了!
　 Nǐ bié bǎ hùzhào wàng le!

③ 除了你以外，别的同学都参加了。
　 Chúle nǐ yǐwài, bié de tóngxué dōu cānjiā le.

UNIT 14 하시는 일이 순조롭길 바랍니다!

티엔티엔 듣고 표현하기 　听一听　　듣기

😊 ① 我的词典没被小偷偷走，民国借走了。

② 我被老师批评了。

③ 虽然他不会说汉语，但是他有很多中国朋友。

① O　　② X　　③ O

티엔티엔 글로 표현하기 　写一写　　쓰기

① 我的包被小偷偷走了。
　 Wǒ de bāo bèi xiǎotōu tōu zǒu le.

② 时间过得真快。
　 Shíjiān guò de zhēn kuài.

③ 祝大家工作顺利!
　 Zhù dàjiā gōngzuò shùnlì!

＊ 매 unit의 티엔티엔 생각 표현하기의 정답은 파고다 북스 홈페이지(www.pagodabook.com)에서 다운로드 하실 수 있습니다.

索引

A

爱好	àihào	52
哎呀	āiyā	22

B

把	bǎ	134
白酒	báijiǔ	67
班	bān	32
办	bàn	144
帮	bāng	94
报告	bàogào	94
报纸	bàozhǐ	18
杯	bēi	144
北京烤鸭	Běijīng Kǎoyā	65
比	bǐ	52
遍	biàn	137
便利店	biànlìdiàn	42
别	bié	32
毕业	bì yè	129
部	bù	139
不错	búcuò	52
不过	búguò	84
不好意思	bùhǎoyìsi	94
不见不散	bú jiàn bú sàn	12

C

菜单	càidān	114
参加	cānjiā	134
差不多	chà bu duō	108
常常	chángcháng	42
唱歌	chàng gē	16
超市	chāoshì	42
成龙	Chéng Lóng	78
城市	chéngshì	104
抽烟	chōu yān	56
出	chū	114
穿	chuān	75
川菜	Chuāncài	67
窗户	chuānghu	72
出发	chūfā	129

除了~(以外)	chúle~(yǐwài)	134
次	cì	62
从	cóng	42
从来	cónglái	147

D

打	dǎ	12, 52, 149
大部分	dàbùfen	94
带	dài	22
大夫	dàifu	124
当然	dāngrán	32
但是	dànshì	94
担心	dānxīn	94
到	dào	35
打扫	dǎsǎo	98
得	de	52
得	děi	124
等	děng	15
~的时候	~de shíhou	72
点	diǎn	114
电话	diànhuà	12
点心	diǎnxin	114
地铁	dìtiě	67
地铁站	dìtiězhàn	47
懂	dǒng	94
冬天	dōngtiān	104
东西	dōngxi	25, 144
豆浆	dòujiāng	27
读	dú	27, 139
多长时间	duō cháng shíjiān	84

E

嗯	èng	32
而且	érqiě	104

F

饭店	fàndiàn	114
放	fàng	72
放假	fàng jià	17
房间	fángjiān	77
放心	fàng xīn	124
发烧	fā shāo	124
飞机	fēijī	134
风景	fēngjǐng	104
幅	fú	77
服务员	fúwùyuán	114

G

该	gāi	124
干	gàn	12, 15
干净	gānjìng	76
给	gěi	12
更	gèng	32
公安局	gōng'ānjú	144
宫保鸡丁	Gōngbǎojīdīng	114
公园	gōngyuán	42
挂	guà	20, 72
拐	guǎi	42
怪不得	guàibude	84
关	guān	75
过	guo	62
过	guò	144
国庆节	Guóqìngjié	62

H

还	hái	22
还是	háishi	32
汉堡包	hànbǎobāo	22
号码	hàomǎ	20
好像	hǎoxiàng	114
嘿嘿	hēihēi	22
红色	hóngsè	25
厚	hòu	77
画	huà	17, 77
花	huā	78
滑雪	huá xuě	52
花园	huāyuán	78
会	huì	52
火车	huǒchē	65, 67, 109
护照	hùzhào	134

索引

J

家	jiā	46, 114
见	jiàn	12
件	jiàn	26
讲	jiǎng	72
教室	jiàoshì	72
机场	jīchǎng	134
接	jiē	20
借	jiè	149
结婚	jié hūn	32
介绍	jièshào	32
极了	jí le	104
进	jìn	114
进步	jìnbù	144
警察	jǐngchá	144
劲儿	jìnr	124
觉得	juéde	22
聚会	jùhuì	134

K

开	kāi	72
开车	kāi chē	56
开除	kāichú	147
开会	kāi huì	17
开始	kāishǐ	84, 124
开心	kāixīn	72
开学	kāi xué	12
考	kǎo	94
渴	kě	27
可爱	kě'ài	38
可是	kěshì	32
咳嗽	késou	124
课文	kèwén	22
可惜	kěxī	134
可以	kěyǐ	52
空调	kōngtiáo	77

L

辣	là	89
篮球	lánqiú	52, 139
冷	lěng	104
凉快	liángkuai	104
良子	Liángzǐ	32
脸色	liǎnsè	124
聊天儿	liáo tiānr	72
流感	liúgǎn	124
流利	liúlì	57, 84
楼上	lóushàng	114
路	lù	75
路人	lùrén	42

M

买单	mǎidān	114
慢	màn	55
马上	mǎshàng	84, 120
美	měi	104
美式咖啡	měishì kāfēi	37
每天	měitiān	84
门口	ménkǒu	12

N

拿	ná	114
那么	nàme	84
难	nán	89
拿铁咖啡	nátiě kāfēi	37
暖和	nuǎnhuo	28

P

趴	pā	77
跑	pǎo	55
爬山	pá shān	149
片	piàn	124
骗	piàn	147, 149
票	piào	129
批评	pīpíng	149

Q

妻子	qīzi	17
骑	qí	50, 67
前	qián	42
钱包	qiánbāo	77, 98
墙	qiáng	72
前面(=前边)	qiánmian(=qiánbian)	46
起飞	qǐfēi	134
清楚	qīngchu	129
青岛	Qīngdǎo	66
请客	qǐng kè	114
秋天	qiūtiān	104
全身	quánshēn	124
去年	qùnián	62, 129

R

让	ràng	94
然后	ránhòu	22
热	rè	104
热闹	rènao	104
日记	rìjì	28
日语	Rìyǔ	139

S

伞	sǎn	99
沙发	shāfā	47
上	shang	134
上海	Shànghǎi	62
上网	shàng wǎng	17
伤心	shāng xīn	32
商业	shāngyè	104
生活	shēnghuó	144
什么时候	shénme shíhou	62
事	shì	32
世界地图	shìjiè dìtú	72
帅	shuài	32
甩	shuǎi	147
舒服	shūfu	124
水果	shuǐguǒ	104
睡觉	shuì jiào	15

水平	shuǐpíng	94	小时	xiǎoshí	84	张	zhāng	78
书架	shūjià	46	小偷	xiǎotōu	144	找	zhǎo	12
顺利	shùnlì	144	夏天	xiàtiān	104	着急	zháo jí	144
四川菜	sìchuāncài	89	下雨	xià yǔ	35, 149	照片	zhàopiàn	78
随便	suíbiàn	114	写	xiě	57	着	zhe	72
虽然	suīrán	144	喜欢	xǐhuan	38, 52	真的	zhēnde	144
			星巴克	Xīngbākè	42	正在	zhèngzài	12
			心上人	xīnshàngrén	32	只	zhǐ	42
T			新鲜	xīnxiān	104	中文	Zhōngwén	99
			信用卡	xìnyòngkǎ	144	终于	zhōngyú	94
躺	tǎng	75	洗碗	xǐ wǎn	17	桌子	zhuōzi	72
谈恋爱	tán liàn'ài	67	细心	xìxīn	22	字	zì	57
疼	téng	27				自己	zìjǐ	124
踢	tī	52				资料	zīliào	94
天气	tiānqì	28, 104	**Y**			自行车	zìxíngchē	67, 147
跳舞	tiào wǔ	16, 134				走	zǒu	42
偷	tōu	144	样子	yàngzi	76	最近	zuìjìn	32
头疼	tóuténg	124	要	yào	62	坐	zuò	65
			药	yào	124	做饭	zuò fàn	17
			一边~，一边~	yìbiān~, yìbiān~	12	作业	zuòyè	149
W			一定	yídìng	62	足球	zúqiú	52
			遗憾	yíhàn	32			
外边	wàibian	37	已经	yǐjing	22			
外滩	Wàitān	62	银行	yínháng	47			
玩	wán	89	以前	yǐqián	114			
完	wán	94	一下	yíxià	12			
碗	wǎn	27	一样	yíyàng	108			
忘	wàng	134	一直	yìzhí	42			
往	wǎng	42	椅子	yǐzi	72			
网球	wǎngqiú	52	又	yòu	32			
网速	wǎngsù	109	右	yòu	42			
袜子	wàzi	75	游船	yóuchuán	62			
喂	wéi	12	有点儿	yǒu diǎnr	22			
味道	wèidao	114	有意思	yǒu yìsi	62			
位子	wèizi	114	越~越~	yuè~yuè~	84			
			鱼香肉丝	Yúxiāngròusī	114			

X			**Z**		
下车	xià chē	35	在	zài	12
下次	xià cì	52	早饭	zǎofàn	22
先	xiān	22	早上	zǎoshang	28
香菜	xiāngcài	65	杂志	zázhì	72
笑	xiào	72	怎么样	zěnmeyàng	37, 94
小狗	xiǎogǒu	47	站	zhàn	72

파고다 중국어

티엔티엔 중국어 개정판

기초 2

간체자 쓰기노트

PAGODA Books

UNIT 1 我正在看书呢。

给 gěi
9획
给他 gěi tā 그에게 (주다)
给给给给给给给给给
给 给

话 huà
8획
电话 diànhuà 전화
话话话话话话话话
话 话

喂 wéi
12획
喂, 你好! Wéi, nǐ hǎo! 여보세요, 안녕하세요!
喂喂喂喂喂喂喂喂喂喂喂喂
喂 喂

找 zhǎo
7획
找到 zhǎo dào 찾아내다
找找找找找找找
找 找

1

边 biān (5획)	一边 yìbiān 한편으로	
	边 边 边 边 边	
	边 边	

散 sàn (12획)	散步 sàn bù 산보하다	
	散 散 散 散 散 散 散 散 散 散 散 散	
	散 散	

等 děng (12획)	等待 děngdài 기다리다	
	等 等 等 等 等 等 等 等 等 等 等 等	
	等 等	

歌 gē (14획)	唱歌 chàng gē 노래 부르다	
	歌 歌 歌 歌 歌 歌 歌 歌 歌 歌 歌 歌 歌 歌	
	歌 歌	

跳 tiào — 13획
跳舞 tiào wǔ 춤을 추다

跳 跳 跳 跳 跳 跳 跳 跳 跳 跳 跳 跳 跳

跳 跳

舞 wǔ — 14획
舞台 wǔ tái 무대

舞 舞 舞 舞 舞 舞 舞 舞 舞 舞 舞 舞 舞

舞 舞

放 fàng — 8획
放假 fàng jià 방학하다

放 放 放 放 放 放 放 放

放 放

网 wǎng — 6획
上网 shàng wǎng 인터넷을 하다

网 网 网 网 网 网

网 网

UNIT 2 你吃饭了吗?

经 jīng (8획) — 已经 yǐjing 이미, 벌써

然 rán (12획) — 然后 ránhòu 그런 후에

细 xì (8획) — 细心 xìxīn 세심하다

觉 jué (9획) — 觉得 juéde ~라고 느끼다

得 dé (11획)

得到 dé dào 얻다

得 得 得 得 得 得 得 得 得

得 得

难 nán (10획)

困难 kùnnan 곤란하다

难 难 难 难 难 难 难 难 难

难 难

带 dài (9획)

领带 lǐngdài 넥타이

带 带 带 带 带 带 带 带 带

带 带

呀 yā (7획)

哎呀! āiyā! 아이고!

呀 呀 呀 呀 呀 呀 呀

呀 呀

昨 zuó 9획

昨天 zuótiān 어제

昨 昨 昨 昨 昨 昨 昨 昨

昨 昨

啊 ā 10획

有啊。Yǒu a. 있어요.

啊 啊 啊 啊 啊 啊 啊 啊 啊

啊 啊

3 她有男朋友了。

最 zuì (12획)
最近 zuìjìn 최근

近 jìn (7획)
靠近 kàojìn 가깝다

更 gèng (7획)
更好。Gèng hǎo. 더 좋아요.

事 shì (8획)
事情 shìqing 일, 사건

嗯 èng

13획

嗯, 对。Èng, duì. 응, 그래.

嗯 嗯 嗯 嗯 嗯 嗯 嗯 嗯 嗯 嗯 嗯 嗯 嗯

嗯 嗯

当 dāng

6획

当时 dāngshí 당시

当 当 当 当 当 当

当 当

还 hái

7획

还有 háiyǒu 그리고, 또한

还 还 还 还 还 还 还

还 还

结 jié

9획

结婚 jié hūn 결혼하다

结 结 结 结 结 结 结 结 结

结 结

婚 hūn — 11획
婚姻 hūnyīn 혼인

遗 yí — 12획
遗憾 yíhàn 유감스럽다

伤 shāng — 6획
伤心 shāng xīn 상심하다

4 便利店在哪儿?

市 shì — 5획
超市 chāoshì 슈퍼마켓

旁 páng — 10획
旁边 pángbiān 옆(쪽)

直 zhí — 8획
一直 yìzhí 줄곧

往 wǎng — 8획
往左拐 wǎng zuǒ guǎi 좌회전하다

前 qián (9획) — 前边 qiánbian 앞쪽

前 前 前 前 前 前 前 前 前

前 前

走 zǒu (7획) — 走路 zǒu lù 길을 걷다

走 走 走 走 走 走 走

走 走

右 yòu (5획) — 右边 yòubian 오른쪽

右 右 右 右 右

右 右

UNIT 5 我打网球打得不错。

爱好 àihào 취미

喜欢 xǐhuan 좋아하다

欢迎 huānyíng 환영하다

踢球 tī qiú 축구를 하다

足 zú

7획

足球 zúqiú 축구

足足足足足足足

足足

球 qiú

11획

网球 wǎngqiú 테니스

球球球球球球球球球球球

球球

篮 lán

16획

篮球 lánqiú 농구

篮篮篮篮篮篮篮篮篮篮篮篮

篮篮

滑 huá

12획

滑雪 huá xuě 스키를 타다

滑滑滑滑滑滑滑滑滑滑滑

滑滑

以 yǐ	4획	可以 kěyǐ 해도 된다, 괜찮다				
		以 以 以 以				
		以 以				

比 bǐ	4획	比较 bǐjiào 비교적, 비교하다				
		比 比 比 比				
		比 比				

泳 yǒng	8획	游泳 yóu yǒng 수영하다				
		泳 泳 泳 泳 泳 泳 泳 泳				
		泳 泳				

UNIT 6 你去过上海吗？

意 yì — 13획
有意思 yǒu yìsi 재미있다

定 dìng — 8획
一定 yídìng 반드시

船 chuán — 11획
游船 yóuchuán 유람선

遍 biàn — 12획
一遍 yíbiàn 한 번

海 hǎi (10획)
上海 Shànghǎi 상하이

节 jié (5획)
节日 jiérì 명절

外 wài (5획)
外国 wàiguó 외국

滩 tān (13획)
外滩 Wàitān 와이탄

烤 kǎo (10획)

烤鸭 kǎoyā 오리구이

园 yuán (7획)

豫园 Yùyuán 예원

UNIT 7 门开着，窗户也开着。

11획 教室 jiàoshì 교실

教 jiào

11획 放着 fàng zhe 놓여 있다

着 zhe

10획 桌子 zhuōzi 책상

桌 zhuō

14획 一面墙 yímiàn qiáng 벽

墙 qiáng

挂 guà (9획)
挂号 guàhào 접수하다

世 shì (5획)
世界 shìjiè 세계

地 dì (6획)
地图 dìtú 지도

开 kāi (4획)
开门 kāi mén 문을 열다

窗 chuāng 12획

窗户 chuānghu 창문

窗 窗 窗 窗 窗 窗 窗 窗 窗 窗 窗 窗
窗 窗

站 zhàn 10획

车站 chēzhàn 정류장

站 站 站 站 站 站 站 站 站
站 站

穿 chuān 9획

穿衣服 chuān yīfu 옷을 입다

穿 穿 穿 穿 穿 穿 穿 穿 穿
穿 穿

UNIT 8 我看了一个小时的电视。

长 cháng (4획)

多长时间 duō cháng shíjiān 얼마 동안

长 长 长 长

长 长

间 jiān (7획)

时间 shíjiān 시간

间 间 间 间 间 间 间

间 间

马 mǎ (3획)

马上 mǎshàng 곧, 즉시

马 马 马

马 马

过 guò (6획)

不过 búguò 그러나

过 过 过 过 过 过

过 过

始 shǐ 8획
开始 kāishǐ 시작하다

始 始 始 始 始 始 始 始
始 始

流 liú 10획
流利 liúlì 유창하다

流 流 流 流 流 流 流 流 流 流
流 流

利 lì 7획
有利 yǒulì 유리하다

利 利 利 利 利 利 利
利 利

越 yuè 12획
超越 chāoyuè 능가하다, 초월하다

越 越 越 越 越 越 越 越 越 越 越
越 越

极 jí — 7획

积极 jījí 적극적이다

极 极 极 极 极 极 极
极 极

拳 quán — 10획

太极拳 tàijíquán 태극권

拳 拳 拳 拳 拳 拳 拳 拳 拳 拳
拳 拳

UNIT 9 你们都考完了吗?

完 wán — 7획
完成 wánchéng 완성하다

终 zhōng — 8획
终于 zhōngyú 마침내

思 sī — 9획
思考 sīkǎo 사고

报 bào — 7획
报纸 bàozhǐ 신문

扫 sǎo (6획)

打扫 dǎsǎo 청소하다

扫 扫 扫 扫 扫 扫

扫 扫

帮 bāng (9획)

帮助 bāngzhù 돕다

帮 帮 帮 帮 帮 帮 帮

帮 帮

资 zī (10획)

资料 zīliào 자료

资 资 资 资 资 资 资 资 资 资

资 资

料 liào (10획)

饮料 yǐnliào 음료

料 料 料 料 料 料 料 料

料 料

平 píng (5획)

水平 shuǐpíng 수준

平平平平平

部 bù (10획)

大部分 dàbùfen 대부분

部部部部部部部部部部

懂 dǒng (15획)

听懂 tīng dǒng 알아듣다

懂懂懂懂懂懂懂懂懂懂懂懂懂懂懂

预 yù (10획)

预习 yùxí 예습하다

预预预预预预预预预预

UNIT 10 上海比北京还热闹。

热 rè (10획)
热闹 rènao 번화하다

商 shāng (11획)
商业 shāngyè 상업

城 chéng (9획)
城市 chéngshì 도시

气 qì (4획)
天气 tiānqì 날씨

夏 xià (10획)
夏天 xiàtiān 여름

凉 liáng (10획)
凉快 liángkuai 시원하다

鲜 xiān (14획)
新鲜 xīnxiān 신선하다

而 ér (6획)
而且 érqiě 게다가

景 jǐng (12획) — 风景 fēngjǐng 풍경

极 jí (7획) — 极了 jí le 매우

暖 nuǎn (13획) — 暖和 nuǎnhuo 따뜻하다

UNIT 11 快点儿出去吧。

店 diàn (8획) — 饭店 fàndiàn 호텔, 식당

进 jìn (7획) — 进步 jìnbù 진보하다

位 wèi (7획) — 位子 wèizi 자리, 좌석

服 fú (8획) — 服务 fúwù 서비스하다, 봉사하다

务 wù (5획)

义务 yìwù 의무

务 务 务 务 务

务 务

员 yuán (7획)

服务员 fúwùyuán 종업원

员 员 员 员 员 员 员

员 员

菜 cài (11획)

点菜 diǎn cài 음식을 주문하다

菜 菜 菜 菜 菜 菜 菜 菜 菜 菜 菜

菜 菜

单 dān (8획)

买单 mǎidān 계산하다

单 单 单 单 单 单 单 单

单 单

随 suí — 11획
随便 suíbiàn 아무거나, 맘대로

出 chū — 5획
出门 chū mén 외출하다

香 xiāng — 9획
香港 Xiānggǎng 홍콩

 你听得懂汉语吗？

脸 liǎn (11획)
脸色 liǎnsè 안색

色 sè (6획)
颜色 yánsè 색깔

自 zì (6획)
自由 zìyóu 자유

己 jǐ (3획)
自己 zìjǐ 자기, 자신

夫 fū / fu	4획 **大夫** dàifu 의사
	夫 夫 夫 夫
	夫 夫

舒 shū	12획 **舒服** shūfu 편안하다
	舒 舒 舒 舒 舒 舒 舒 舒 舒 舒 舒 舒
	舒 舒

头 tóu	5획 **头发** tóufa 머리카락
	头 头 头 头 头
	头 头

疼 téng	10획 **头疼** tóu téng 머리가 아프다, 두통
	疼 疼 疼 疼 疼 疼 疼 疼 疼 疼
	疼 疼

发 fā — 5획

发短信 fā duǎnxìn 문자 메시지를 보내다

发 发 发 发 发
发 发

感 gǎn — 13획

流感 liúgǎn 유행성 감기

感 感 感 感 感 感 感 感 感 感
感 感

13 请把门关上吧。

聚 jù — 14획

聚会 jùhuì 모임

参 cān — 8획

参加 cānjiā 참가하다

除 chú — 9획

除了 chúle ~을 제외하고(~이외에도)

场 chǎng — 6획

机场 jīchǎng 공항

3획 **飞** fēi	飞机 fēijī 비행기

7획 **忘** wàng	忘记 wàngjì 잊어버리다

13획 **照** zhào	护照 hùzhào 여권

10획 **换** huàn	换成 huànchéng ~로 바꾸다

兑 7획 dui

兑换 duìhuàn 환전하다

签 13획 qiān

签证 qiānzhèng 비자

 祝你们工作顺利！

10획 被 bèi

被动 bèidòng 피동적이다, 수동적이다

4획 办 bàn

办法 bànfǎ 방법

9획 急 jí

着急 zháojí 조급해하다

19획 警 jǐng

警告 jǐnggào 경고(하다)

察 chá 14획
警察 jǐngchá 경찰

虽 suī 9획
虽然 suīrán 비록

步 bù 7획
进步 jìnbù 진보, 진보적이다

顺 shùn 9획
顺利 shùnlì 순조롭다

PAGODA Books

수강과정 :

이름 :